Jurnal
de dezvoltare personală

Stefan Albu

Colecția: **Viață extraordinară**
Titlu: JURNAL DE DEZVOLTARE PERSONALĂ

Autor: Stefan Albu
Editare: Stefan Albu

Calle Rusia, 11, 1
28022, Madrid, Spain
salbu@adventista.es

Decembrie 2019: 1ª Ediție
ISBN: 9781679602085

Impresión: Amazón Publishing
Impreso en la Unión Europea
Printed in the European Unión

DEDICAȚIE

Dedic acest jurnal de dezvoltare personală:
- profesorilor mei de liceu, care au știut ca să mă învețe folosirea înțeleaptă a timpului;
- profesorilor mei de facultate și de master, care m-au învățat valoarea organizării și a administrării timpului;
- tuturor tinerilor pe care i-am păstorit până acum, ale căror vieți vor fi profund transformate datorită principiilor acestui jurnal;
- soției mele Cristina, și a celor două prințese Sarah Julene și Carla Stefanía, care m-au inspirat în a crea acest material de creștere personală;
- tuturor celor care iau în mod serios creșterea și dezvoltarea lor personală pentru a trăi o viață plină de sens.

Acest jurnal aparține:

Telefon:

Email:

O Viață Extraordinară:

Faptul că trăiești este un lucru extraordiar. Însă nu este suficient.

Poți trăi o viață ordinară, ca majoritatea. Într-o oarecare formă de anonimat. Făcând ceea ce face aproximativ 97% din omenire.

Sau poți trăi o viață extraordinară, semnificativă, miraculoasă, plină de sens. Poți trăi în așa fel încât să fii fericit, împlinit și mulțumit cu ceea ce ai, ce faci și ce ești. Poți trăi în așa fel încât să îi inspiri pe ceilalți. Făcând ceea ce face aproximativ 3% din omenire.

O astfel de viață nu este rezultatul întâmplării, sau a geneticii, sa a circumstanțelor, nici a contextului în care trăiești. O astfel de viață este o lucrare de artă. Este o provocare pentru o existență de rutină, se construiește în mod intențional, se evaluează în fiecare zi, se perseverează în împlinirea obiectivelor propuse până când se convertește în a doua ta natură.

Trăirea unei vieți extraordinare este obiectivul principal al acestui proiect. Este format din 4 jurnale de creștere care acoperă următoarele domenii:

- Jurnal de Dezvoltare Personală,
- Jurnal de Creștere Spirituală,
- Jurnal de Creștere Emoțională și
- Jurnal de Creștere Matrimonială.

Te încurajez ca să urmezi acest itinerariu de dezvoltare integrală, cel puțin în primele trei domenii, în caz că nu ești casatorit/ă.

Ai în mâinile tale Jurnalul de Dezvoltare și Creștere Personală care te va ajuta ca să trăiești o Viață Extraordinară în fiecare zi, în fiecare săptămână, în fiecare lună, în fiecare an de aici înainte. **Te avertizez**: dacă rutina acestui jurnal se convertește în rutina ta personală, îți garantez că viața ta nu va rămâne aceiași.

Să începem aventura!

DE CE SĂ ACCEPȚI PROVOCAREA ACESTUI JURNAL ...

Primul motiv:

"Dacă vei asculta de toate poruncile Domnului, Dumnezeul tău, pe care eu ți le dau astăzi ca să le păzeşti şi să le împlineşti, Domnul te va face cap, nu coadă; întotdeauna vei fi în frunte şi niciodată nu vei fi ultimul." Deuteronom 28:13 NTLR

"Orice faceți, să faceți din toată inima, ca pentru Domnul, nu ca pentru oameni." Coloseni 3:23 NTLR

Al doilea motiv:

Există o frază faimoasă care i se atribuie lui Napoleon: *"Cine eșuează în planificare, își planifică eșecul."* Daca analizăm în profunzime acest enunț, putem afirma că dacă nu avem un plan pentru a ne organiza viața, în realitate plănuim eșecul ei.

Nimeni nu poate avea succes în viață la întâmplare. La fel cum nimeni nu ajunge la întâmplare profesor, om de afaceri, scriitor, etc.

Al treilea motiv:

A avea ținte sau obiective concrete și a face tot posibilul ca să le atingi înseamnă să trăiești o viață cu scop, cu sens. Acesta este fundamentul succesului.

Stabilirea unor obiective e un lucru foarte important. Pentru că ele te vor ajuta ca să ajungi acolo unde ți-ai propus. Un studiu realizat de către Universitatea Harvard studenților ei, a evidențiat faptul că doar 3% din studenti aveau obiective scrise și un plan pentru realizarea lor. După zece ani, toți studenții care au participat în acel studiu au fost contactați din nou. Supriza a fost că cei 3% erau persoane de succes și trăiau împlinirea țintelor pe care și le-au propus cu zece ani în urmă.

Cele mai multe persoane nu fac un astfel de exercițiu pentru că inconștient nu au acceptat responsabilitatea totală în ce privește viața lor. În fond le este teamă atât de eșec, cât și de succes.

Stabilirea unor obiective specificc, a unor ținte clare este un exercițiu extraordinar. Profetul Habacuc scria astfel: Domnul mi-a spus: *"Scrie viziunea, graveaz-o clar pe tăblițe, pentru ca un herald să poată alerga cu ea! Căci este o viziune care încă aşteaptă vremea împlinirii! Ea mărturiseşte despre sfârşit şi nu va minți! Dacă ți se pare că întârzie, aşteapt-o, căci va veni cu siguranță şi nu va întârzia!"* Hab.2:2-3 RVC

Care este viziunea pe care o ai despre viața ta? Cum ți-ai dori ca să fie ea? Ce vise ți-ar plăcea să ți se împlinească?

Acest Jurnal de Dezvoltare Personală este unul dintre cele mai importante cadouri din viața ta, pe care l-ai primit. Pentru că va ridica viața ta la înălțimea planurilor lui Dumnezeu pentru tine.

Stefan Albu

CUM SĂ PROCEDEZ?

Caracterul nostru este suma tuturor obiceiurilor pe care le avem. Calitatea vieții noastre constă în calitatea obiceiurilor care le avem. De aceea, un caracter bun, o viață cu scop se clădește pe niște obiceiuri de dezvoltare în toate domeniile vieții: spiritual, fizic, intelectual, emoțional, relațional, profesional.

Aristotel zicea: "*Suntem ceea ce facem în fiecare zi. În așa fel încât excelența nu este un act ci un obicei*". **Horace Mann** descrie importanța obiceiurilor într-o formă foarte grafică: «*Obiceiurile sunt ca niște fire fragile. Dacă zi de zi le împletim într-o funie, nu se vor rupe*».

Ellen G. White afirma că fiecare persoană își determină istoria vieții sale prin gândurile și sentimentele pe care le nutrește. Obiceiurile corecte, virtuoase și sănătoase, ... vor deveni parte din caracter și vor determina cursul întregii vieți a individului. (Potrivit cu S.T., 11 de Oct. de 1910)

Îți recomand **ca să incepi acest jurnal într-o duminică, la începutul unei săptămâni** și să continui să îl faci **timp de trei luni de zile**.

Acest jurnal are o **rutină matinală** și una **înainte de a merge la culcare**.

Fiecare zi începe cu **un citat celebru** și cu o **lectură bíblică** recomandată. Scrie care este lecția pe care ți/a transmis-o pasajul biblic studiat.

În fiecare zi avem nevoie ca să facem **afirmații de credință, sau mărturisiri de credință**. Îți voi prezenta un exemplu: "*Prin harul lui Dumnezeu, sunt o persoană liberă, responsabilă, creativă, perseverantă și echilibrată*. Încă un exemplu: "*Prin harul lui Dumnezeu, în Iulie 2022 voi termina studiile de medicină, iar apoi specializarea pertinentă, pentru a lucra ca specialist în neurologie.*" Fiecare gând pozitiv sau negativ e ca o sămânță.

Începe fiecare săptamână stabilind **obiective săptămânale** în următoarele domenii: spiritual, stilul de viață, intelectual, relațional și studii și/sau profesie. Stabilește apoi care sunt pașii necesari sub formă de **ținte zilnice** pentru ca să poți atinge obiectivele săptămânale pe care ți le-ai propus. Apoi, fă un **exercițiu de creștere personală** sub forma unor întrebări specifice sau a unor acțiuni.

Organizează-ți **agenda zilei** pe ore ca să poți evalua cum îți petreci timpul.

Înainte de a merge la culcare încearcă să descoperi **ce ai învățat în ziua respectivă și cum te-ai simțit**. În fiecare zi ți se oferă posibilitatea de a învăța ceva nou iar unul din principiile fundamentale ale inteligenței emoționale este acela de a-ți recunoaște propriile emoții pentru a le putea controla. În ultimul rând, vei evalua ce nu ai reușit să faci din ceea ce ți-ai propus, de ce nu au putut realiza acel lucru și vei hotărî când îl vei face.

În fiecare duminică vei **evalua procesul de creștere personală** și timpul acordat diferitelor responsabilități. În același fel vei putea **evalua** dezvoltarea ta personală **atunci când vei termina jurnalul**.

Așadar, să începem!

Ziua 1:
"Scopul disciplinei este acela de a educa ființa umană ca să se autoguverneze."
Ellen G. White

LECTURA BIBLICĂ: Geneza 12:1-8; CE LECȚIE ÎMI TRANSMITE:

MĂRTURISIRE DE CREDINȚĂ:

MOTIVE DE MULȚUMIRE ȘI RUGĂCIUNE:

OBIECTIVE SĂPTĂMÂNALE ȘI PAȘI CONCREȚI PENTRU A LE ATINGE:

SPIRITUAL:
Pași concreți:
SĂNĂTATE și STIL DE VIAȚĂ:
Pași concreți:
INTELECTUAL:
Pași concreți:
RELAȚIONAL:
Pași concreți:
MUNCĂ/STUDII:
Pași concreți:

AGENDA ZILEI:

06:00
07:00
08:00
09:00
10:00
11:00
12:00
13:00
14:00
15:00
16:00
17:00
18:00
19:00
20:00
21:00
22:00
23:00

EVALUARE SĂPTĂMÂNALĂ:

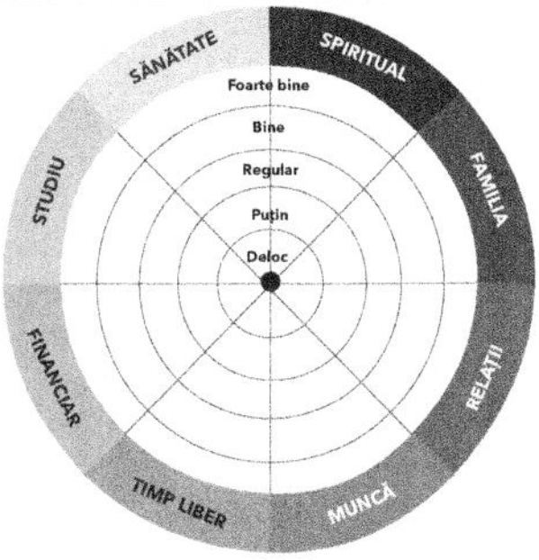

Indicații:

←

Această figură reprezintă viața ta. Cum apreciezi creșterea ta săptămânală în fiecare domeniu menționat?

→

O folosire bună a timpului este importantă pentru creșterea ta personală
Evaluează folosind următorii indicatori:
Z - zilnic
AZ - aproape zilnic
P - puțin
D - deloc

Timp dedicat:
Lectura Bibliei
Lectura de cărți spirituale
Lectura de cărți inspiratoare
Meditație și rugăciune
Misiune
Timp cu prietenii
Noi obiceiuri
Noi abilități
Exercițiu fizic
Internet și rețele sociale

Ziua 2:
"Educația este cea mai puternică armă ce o putem folosi pentru a schimba lumea."
Nelson Mandela

LECTURA BIBLICĂ: Matei 25:14-30; CE LECȚIE ÎMI TRANSMITE:

....

....

MĂRTURISIRE DE CREDINȚĂ:

....

....

MOTIVE DE MULȚUMIRE ȘI RUGĂCIUNE:

....

....

EXERCIȚIU DE DEZVOLTARE PERSONALĂ:
Cine sunt eu? Cum mă definesc pe mine însumi?
Pentru ce exist? Care este scopul existeței mele?

....

....

....

....

....

....

....

....

OBIECTIVE ZILNICE ȘI PAȘI CONCREȚI PENTRU A LE ATINGE:

....

....

....

AGENDA ZILEI:

06:00 .... 15:00 ....
07:00 .... 16:00 ....
08:00 .... 17:00 ....
09:00 .... 18:00 ....
10:00 .... 19:00 ....
11:00 .... 20:00 ....
12:00 .... 21:00 ....
13:00 .... 22:00 ....
14:00 .... 23:00 ....

EVALUAREA ZILEI (înainte de a merge la culcare)

CE AM ÎNVĂȚAT ASTĂZI ȘI CUM M-AM SIMȚIT?

....

....

CE NU AM REUȘIT SĂ FAC DIN CEEA CE MI-AM PROPUS? DE CE? CÂND VOI FACE CEEA CE NU AM REUȘIT?

....

....

Ziua 3:
"Lumea așa cum am creat-o este un proces al gândirii noastre. Nu o putem schimba fără să ne schimbăm gândirea."
Albert Einstein

LECTURA BIBLICĂ: Luca 4:18-19; CE LECȚIE ÎMI TRANSMITE:

....

....

MĂRTURISIRE DE CREDINȚĂ:

....

....

MOTIVE DE MULȚUMIRE ȘI RUGĂCIUNE:

....

....

EXERCIȚIU DE DEZVOLTARE PERSONALĂ:
Care cred că este destinul meu?
Ce vreau ca să obțin în această viață?

....

....

....

....

....

....

....

....

OBIECTIVE ZILNICE ȘI PAȘI CONCREȚI PENTRU A LE ATINGE:

....

....

....

AGENDA ZILEI:

06:00	15:00 ....
07:00	16:00 ....
08:00	17:00 ....
09:00	18:00 ....
10:00	19:00 ....
11:00	20:00 ....
12:00	21:00 ....
13:00	22:00 ....
14:00	23:00 ....

EVALUAREA ZILEI (înainte de a merge la culcare)

CE AM ÎNVĂȚAT ASTĂZI ȘI CUM M-AM SIMȚIT?

....

....

CE NU AM REUȘIT SĂ FAC DIN CEEA CE MI-AM PROPUS? DE CE? CÂND VOI FACE CEEA CE NU AM REUȘIT?

....

....

Ziua 4:

"Ajunsesem la o bifurcație în drumul meu. Am ales drumul cel mai puțin tranzitat și asta a marcat diferența."

Robert Frost

LECTURA BIBLICĂ: Cronici 4:9-10; CE LECȚIE ÎMI TRANSMITE:

MĂRTURISIRE DE CREDINȚĂ:

MOTIVE DE MULȚUMIRE ȘI RUGĂCIUNE:

EXERCIȚIU DE DEZVOLTARE PERSONALĂ:

Cum mi-ar plăcea ca cei dragi să-și amintească de mine?

Dar de prieteni și cei care mă cunosc?

OBIECTIVE ZILNICE ȘI PAȘI CONCREȚI PENTRU A LE ATINGE:

AGENDA ZILEI:

06:00	15:00
07:00	16:00
08:00	17:00
09:00	18:00
10:00	19:00
11:00	20:00
12:00	21:00
13:00	22:00
14:00	23:00

EVALUAREA ZILEI (înainte de a merge la culcare)

CE AM ÎNVĂȚAT ASTĂZI ȘI CUM M-AM SIMȚIT?

CE NU AM REUȘIT SĂ FAC DIN CEEA CE MI-AM PROPUS? DE CE? CÂND VOI FACE CEEA CE NU AM REUȘIT?

Ziua 5:
"Am avut eșecuri unul după altul. De aceea am ajuns ca să am succes."
Michael Jordan

LECTURA BIBLICĂ: 1 Cronici 5:19-20; CE LECȚIE ÎMI TRANSMITE:

....

....

MĂRTURISIRE DE CREDINȚĂ:

....

....

MOTIVE DE MULȚUMIRE ȘI RUGĂCIUNE:

....

....

EXERCIȚIU DE DEZVOLTARE PERSONALĂ:
Ce aș face dacă timpul și banii nu ar fi o problemă pentru mine?
Aș face ceea ce fac și acum? Justifică-ți răspunsul.

....

....

....

....

....

....

....

....

OBIECTIVE ZILNICE ȘI PAȘI CONCREȚI PENTRU A LE ATINGE:

....

....

....

AGENDA ZILEI:

06:00	15:00 ....
07:00	16:00 ....
08:00	17:00 ....
09:00	18:00 ....
10:00	19:00 ....
11:00	20:00 ....
12:00	21:00 ....
13:00	22:00 ....
14:00	23:00 ....

EVALUAREA ZILEI (înainte de a merge la culcare)

CE AM ÎNVĂȚAT ASTĂZI ȘI CUM M-AM SIMȚIT?

....

....

CE NU AM REUȘIT SĂ FAC DIN CEEA CE MI-AM PROPUS? DE CE? CÂND VOI FACE CEEA CE NU AM REUȘIT?

....

....

Ziua 6:
"Atunci când adaugi în mod constant puțin la puținul care îl faci deja, curând va ajunge să fie mult."
Hesiod

LECTURA BIBLICĂ: 1 Cronici 11:22-23; CE LECȚIE ÎMI TRANSMITE:

MĂRTURISIRE DE CREDINȚĂ:

MOTIVE DE MULȚUMIRE ȘI RUGĂCIUNE:

EXERCIȚIU DE DEZVOLTARE PERSONALĂ:
Ce mă face ca să fiu bucuros, fericit și să mă simt împlinit/ă?
Ce înseamnă a avea succes pentru mine?

OBIECTIVE ZILNICE ȘI PAȘI CONCREȚI PENTRU A LE ATINGE:

AGENDA ZILEI:

06:00	15:00
07:00	16:00
08:00	17:00
09:00	18:00
10:00	19:00
11:00	20:00
12:00	21:00
13:00	22:00
14:00	23:00

EVALUAREA ZILEI (înainte de a merge la culcare)

CE AM ÎNVĂȚAT ASTĂZI ȘI CUM M-AM SIMȚIT?

CE NU AM REUȘIT SĂ FAC DIN CEEA CE MI-AM PROPUS? DE CE? CÂND VOI FACE CEEA CE NU AM REUȘIT?

Ziua 7:
"Perseverența este complementul indispensabil al tuturor celorlalte virtuți omenești."
Giuseppe Mazzini

LECTURA BIBLICĂ: Geneza 28:12-16; CE LECȚIE ÎMI TRANSMITE:

MĂRTURISIRE DE CREDINȚĂ:

MOTIVE DE MULȚUMIRE ȘI RUGĂCIUNE:

EXERCIȚIU DE DEZVOLTARE PERSONALĂ:
Care sunt visele mele cele mai importante?
Cum m-aș simți dacă s-ar împlini?

OBIECTIVE ZILNICE ȘI PAȘI CONCREȚI PENTRU A LE ATINGE:

AGENDA ZILEI:

06:00	15:00
07:00	16:00
08:00	17:00
09:00	18:00
10:00	19:00
11:00	20:00
12:00	21:00
13:00	22:00
14:00	23:00

EVALUAREA ZILEI (înainte de a merge la culcare)

CE AM ÎNVĂȚAT ASTĂZI ȘI CUM M-AM SIMȚIT?

CE NU AM REUȘIT SĂ FAC DIN CEEA CE MI-AM PROPUS? DE CE? CÂND VOI FACE CEEA CE NU AM REUȘIT?

Ziua 8:
"Doar printr-o disciplină înțeleaptă se pot recupera mulți din cei care acum sunt considerați cazuri pierdute."
Ellen G. White

LECTURA BIBLICĂ: Geneza 32 9-12, 24-31; CE LECȚIE ÎMI TRANSMITE:

MĂRTURISIRE DE CREDINȚĂ:

MOTIVE DE MULȚUMIRE ȘI RUGĂCIUNE:

OBIECTIVE SĂPTĂMÂNALE ȘI PAȘI CONCREȚI PENTRU A LE ATINGE:

SPIRITUAL:
Pași concreți:
SĂNĂTATE și STIL DE VIAȚĂ:
Pași concreți:
INTELECTUAL:
Pași concreți:
RELAȚIONAL:
Pași concreți:
MUNCĂ/STUDII:
Pași concreți:

AGENDA ZILEI:

06:00	15:00
07:00	16:00
08:00	17:00
09:00	18:00
10:00	19:00
11:00	20:00
12:00	21:00
13:00	22:00
14:00	23:00

EVALUARE SĂPTĂMÂNALĂ:

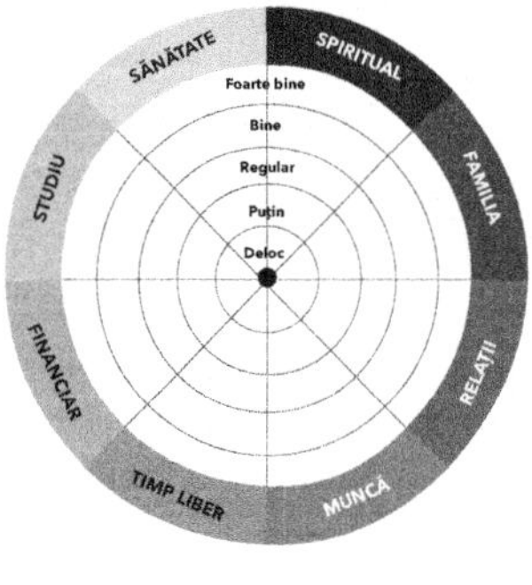

Indicații:

←
Această figură reprezintă viața ta. Cum apreciezi creșterea ta săptămânală în fiecare domeniu menționat?

→
O folosire bună a timpului este importantă pentru creșterea ta personală
Evaluează folosind următorii indicatori:
Z - zilnic
AZ - aproape zilnic
P - puțin
D - deloc

Timp dedicat:	
Lectura Bibliei	
Lectura de cărți spirituale	
Lectura de cărți inspiratoare	
Meditație și rugăciune	
Misiune	
Timp cu prietenii	
Noi obiceiuri	
Noi abilități	
Exercițiu fizic	
Internet și rețele sociale	

Ziua 9:
"Ne transformăm în ceea ce gândim."
Earl Nightingale

LECTURA BIBLICĂ: Geneza 32 9-12, 24-31; CE LECȚIE ÎMI TRANSMITE:

MĂRTURISIRE DE CREDINȚĂ:

MOTIVE DE MULȚUMIRE ȘI RUGĂCIUNE:

EXERCIȚIU DE DEZVOLTARE PERSONALĂ:
Scrie motivele pentru care crezi că nu crești așa cum ți-ar plăcea.
Ce te paralizează? Ce gânduri, credințe și convingeri te împiedică să crești?

OBIECTIVE ZILNICE ȘI PAȘI CONCREȚI PENTRU A LE ATINGE:

AGENDA ZILEI:

06:00	15:00
07:00	16:00
08:00	17:00
09:00	18:00
10:00	19:00
11:00	20:00
12:00	21:00
13:00	22:00
14:00	23:00

EVALUAREA ZILEI (înainte de a merge la culcare)

CE AM ÎNVĂȚAT ASTĂZI ȘI CUM M-AM SIMȚIT?

CE NU AM REUȘIT SĂ FAC DIN CEEA CE MI-AM PROPUS? DE CE? CÂND VOI FACE CEEA CE NU AM REUȘIT?

Ziua 10:
"Viața este alcătuită 10% din ce mi se întâmplă și 90% din felul în care reacționez."
John Maxwell

LECTURA BIBLICĂ: Geneza 39:2-5; CE LECȚIE ÎMI TRANSMITE:

MĂRTURISIRE DE CREDINȚĂ:

MOTIVE DE MULȚUMIRE ȘI RUGĂCIUNE:

EXERCIȚIU DE DEZVOLTARE PERSONALĂ:
Ce îmi doresc cu adevărat la nivel **spiritual**?
De ce îmi doresc acest lucru?

OBIECTIVE ZILNICE ȘI PAȘI CONCREȚI PENTRU A LE ATINGE:

AGENDA ZILEI:

06:00
07:00
08:00
09:00
10:00
11:00
12:00
13:00
14:00
15:00
16:00
17:00
18:00
19:00
20:00
21:00
22:00
23:00

EVALUAREA ZILEI (înainte de a merge la culcare)

CE AM ÎNVĂȚAT ASTĂZI ȘI CUM M-AM SIMȚIT?

CE NU AM REUȘIT SĂ FAC DIN CEEA CE MI-AM PROPUS? DE CE? CÂND VOI FACE CEEA CE NU AM REUȘIT?

Ziua 11:

"Dacă continui să faci ceea ce faci de obicei, vei obține ceea ce ai abținut și până acum."
Tony Robbins

LECTURA BIBLICĂ: Geneza 39: 20-23; CE LECȚIE ÎMI TRANSMITE:

MĂRTURISIRE DE CREDINȚĂ:

MOTIVE DE MULȚUMIRE ȘI RUGĂCIUNE:

EXERCIȚIU DE DEZVOLTARE PERSONALĂ:
Ce îmi doresc cu adevărat în domeniul **relațiilor de familie**?
De ce îmi doresc acest lucru?

OBIECTIVE ZILNICE ȘI PAȘI CONCREȚI PENTRU A LE ATINGE:

AGENDA ZILEI:

06:00	15:00
07:00	16:00
08:00	17:00
09:00	18:00
10:00	19:00
11:00	20:00
12:00	21:00
13:00	22:00
14:00	23:00

EVALUAREA ZILEI (înainte de a merge la culcare)

CE AM ÎNVĂȚAT ASTĂZI ȘI CUM M-AM SIMȚIT?

CE NU AM REUȘIT SĂ FAC DIN CEEA CE MI-AM PROPUS? DE CE? CÂND VOI FACE CEEA CE NU AM REUȘIT?

Ziua 12:
"Eu nu sunt produsul circumstanțelor mele. Sunt produsul alegerilor mele."
Stephen Covey

LECTURA BIBLICĂ: 1 Corinteni 15:33, Proverbe 18:24; CE LECȚIE ÎMI TRANSMITE:

MĂRTURISIRE DE CREDINȚĂ:

MOTIVE DE MULȚUMIRE ȘI RUGĂCIUNE:

EXERCIȚIU DE DEZVOLTARE PERSONALĂ:
Ce îmi doresc cu adevărat în domeniul **relațiilor de prietenie**?
De ce îmi doresc acest lucru?

OBIECTIVE ZILNICE ȘI PAȘI CONCREȚI PENTRU A LE ATINGE:

AGENDA ZILEI:

06:00	15:00
07:00	16:00
08:00	17:00
09:00	18:00
10:00	19:00
11:00	20:00
12:00	21:00
13:00	22:00
14:00	23:00

EVALUAREA ZILEI (înainte de a merge la culcare)

CE AM ÎNVĂȚAT ASTĂZI ȘI CUM M-AM SIMȚIT?

CE NU AM REUȘIT SĂ FAC DIN CEEA CE MI-AM PROPUS? DE CE? CÂND VOI FACE CEEA CE NU AM REUȘIT?

Ziua 13:
"Nu vei putea ca să traversezi oceanul până nu vei avea curajul ca să pierzi din vedere uscatul."
Cristobal Colón

LECTURA BIBLICĂ: Coloseni 3:23-24, Proverbe 16:3; CE LECȚIE ÎMI TRANSMITE:

....

....

MĂRTURISIRE DE CREDINȚĂ:

....

....

MOTIVE DE MULȚUMIRE ȘI RUGĂCIUNE:

....

....

EXERCIȚIU DE DEZVOLTARE PERSONALĂ:
Ce îmi doresc cu adevărat în domeniul **muncii pe care o desfășor sau a studiilor**?
De ce îmi doresc acest lucru?

....

....

....

....

....

....

....

....

OBIECTIVE ZILNICE ȘI PAȘI CONCREȚI PENTRU A LE ATINGE:

....

....

....

AGENDA ZILEI:

06:00	15:00 ....
07:00	16:00 ....
08:00	17:00 ....
09:00	18:00 ....
10:00	19:00 ....
11:00	20:00 ....
12:00	21:00 ....
13:00	22:00 ....
14:00	23:00 ....

EVALUAREA ZILEI (înainte de a merge la culcare)

CE AM ÎNVĂȚAT ASTĂZI ȘI CUM M-AM SIMȚIT?

....

....

CE NU AM REUȘIT SĂ FAC DIN CEEA CE MI-AM PROPUS? DE CE? CÂND VOI FACE CEEA CE NU AM REUȘIT?

....

....

Ziua 14:

"Fiecare copil este un artist. Adevărata provocare e ca să continue să fie un artist odată cu creșterea sa."
Pablo Picasso

LECTURA BIBLICĂ: 1 Corinteni 6:19-20; CE LECȚIE ÎMI TRANSMITE:

....

....

MĂRTURISIRE DE CREDINȚĂ:

....

....

MOTIVE DE MULȚUMIRE ȘI RUGĂCIUNE:

....

....

EXERCIȚIU DE DEZVOLTARE PERSONALĂ:
Ce îmi doresc cu adevărat în domeniul **sănătății** și a **stilului de viață**?
De ce îmi doresc acest lucru?

....

....

....

....

....

....

....

....

OBIECTIVE ZILNICE ȘI PAȘI CONCREȚI PENTRU A LE ATINGE:

....

....

....

AGENDA ZILEI:

06:00 .... 15:00 ....
07:00 .... 16:00 ....
08:00 .... 17:00 ....
09:00 .... 18:00 ....
10:00 .... 19:00 ....
11:00 .... 20:00 ....
12:00 .... 21:00 ....
13:00 .... 22:00 ....
14:00 .... 23:00 ....

EVALUAREA ZILEI (înainte de a merge la culcare)

CE AM ÎNVĂȚAT ASTĂZI ȘI CUM M-AM SIMȚIT?

....

....

CE NU AM REUȘIT SĂ FAC DIN CEEA CE MI-AM PROPUS? DE CE? CÂND VOI FACE CEEA CE NU AM REUȘIT?

....

....

Ziua 15:
"O viață fără ținte, este o viață muribundă."
Ellen G. White

LECTURA BIBLICĂ: 2 Cronici 15:7; CE LECȚIE ÎMI TRANSMITE:

....

....

MĂRTURISIRE DE CREDINȚĂ:

....

....

MOTIVE DE MULȚUMIRE ȘI RUGĂCIUNE:

....

....

OBIECTIVE SĂPTĂMÂNALE ȘI PAȘI CONCREȚI PENTRU A LE ATINGE:

SPIRITUAL: ....

Pași concreți: ....

SĂNĂTATE și STIL DE VIAȚĂ: ....

Pași concreți: ....

INTELECTUAL: ....

Pași concreți: ....

RELAȚIONAL: ....

Pași concreți: ....

MUNCĂ/STUDII: ....

Pași concreți: ....

AGENDA ZILEI:

06:00	15:00 ....
07:00	16:00 ....
08:00	17:00 ....
09:00	18:00 ....
10:00	19:00 ....
11:00	20:00 ....
12:00	21:00 ....
13:00	22:00 ....
14:00	23:00 ....

EVALUARE SĂPTĂMÂNALĂ:

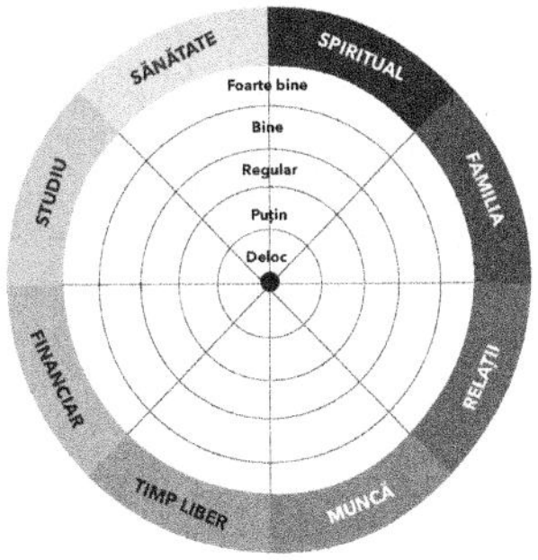

Indicații:

←

Această figură reprezintă viața ta. Cum apreciezi creșterea ta săptămânală în fiecare domeniu menționat?

→

O folosire bună a timpului este importantă pentru creșterea ta personală
Evaluează folosind următorii indicatori:
Z - zilnic
AZ - aproape zilnic
P - puțin
D - deloc

Timp dedicat:	
Lectura Bibliei	
Lectura de cărți spirituale	
Lectura de cărți inspiratoare	
Meditație și rugăciune	
Misiune	
Timp cu prietenii	
Noi obiceiuri	
Noi abilități	
Exercițiu fizic	
Internet și rețele sociale	

Ziua 16:
"Acestea sunt cele mai importante două zile din viața ta: ziua în care te-ai născut și ziua în care afli motivul pentru care exiști." Mark Twain

LECTURA BIBLICĂ: Habacuc 2:2-3; CE LECȚIE ÎMI TRANSMITE:

....

....

MĂRTURISIRE DE CREDINȚĂ:

....

....

MOTIVE DE MULȚUMIRE ȘI RUGĂCIUNE:

....

....

EXERCIȚIU DE DEZVOLTARE PERSONALĂ:
Ce îmi doresc cu adevărat în domeniul **financiar**?
De ce îmi doresc acest lucru?

....

....

....

....

....

....

....

....

OBIECTIVE ZILNICE ȘI PAȘI CONCREȚI PENTRU A LE ATINGE:

....

....

....

AGENDA ZILEI:

06:00	15:00 ....
07:00	16:00 ....
08:00	17:00 ....
09:00	18:00 ....
10:00	19:00 ....
11:00	20:00 ....
12:00	21:00 ....
13:00	22:00 ....
14:00	23:00 ....

EVALUAREA ZILEI (înainte de a merge la culcare)

CE AM ÎNVĂȚAT ASTĂZI ȘI CUM M-AM SIMȚIT?

....

....

CE NU AM REUȘIT SĂ FAC DIN CEEA CE MI-AM PROPUS? DE CE? CÂND VOI FACE CEEA CE NU AM REUȘIT?

....

....

Ziua 17:

"Oamenii obișnuiesc să spună că motivația lor nu durează. Ea se recomandă zilnic, ca și baia personală."
Zig Ziglar

LECTURA BIBLICĂ: Daniel 1:4; CE LECȚIE ÎMI TRANSMITE:

....

....

MĂRTURISIRE DE CREDINȚĂ:

....

....

MOTIVE DE MULȚUMIRE ȘI RUGĂCIUNE:

....

....

EXERCIȚIU DE DEZVOLTARE PERSONALĂ:
Ce îmi doresc cu adevărat în domeniul **creșterii intelectuale**?
De ce îmi doresc acest lucru?

....

....

....

....

....

....

....

....

OBIECTIVE ZILNICE ȘI PAȘI CONCREȚI PENTRU A LE ATINGE:

....

....

....

AGENDA ZILEI:

06:00	15:00 ....
07:00	16:00 ....
08:00	17:00 ....
09:00	18:00 ....
10:00	19:00 ....
11:00	20:00 ....
12:00	21:00 ....
13:00	22:00 ....
14:00	23:00 ....

EVALUAREA ZILEI (înainte de a merge la culcare)

CE AM ÎNVĂȚAT ASTĂZI ȘI CUM M-AM SIMȚIT?

....

....

CE NU AM REUȘIT SĂ FAC DIN CEEA CE MI-AM PROPUS? DE CE? CÂND VOI FACE CEEA CE NU AM REUȘIT?

....

....

Ziua18:
"Inspirația există. Numai că trebuie ca să te găsească muncind."
Pablo Picasso

LECTURA BIBLICĂ: Romani 12:2; CE LECȚIE ÎMI TRANSMITE:

MĂRTURISIRE DE CREDINȚĂ:

MOTIVE DE MULȚUMIRE ȘI RUGĂCIUNE:

EXERCIȚIU DE DEZVOLTARE PERSONALĂ:
Ce îmi doresc cu adevărat în domeniul **divertismentului**?
De ce îmi doresc acest lucru?

OBIECTIVE ZILNICE ȘI PAȘI CONCREȚI PENTRU A LE ATINGE:

AGENDA ZILEI:

06:00	15:00
07:00	16:00
08:00	17:00
09:00	18:00
10:00	19:00
11:00	20:00
12:00	21:00
13:00	22:00
14:00	23:00

EVALUAREA ZILEI (înainte de a merge la culcare)

CE AM ÎNVĂȚAT ASTĂZI ȘI CUM M-AM SIMȚIT?

CE NU AM REUȘIT SĂ FAC DIN CEEA CE MI-AM PROPUS? DE CE? CÂND VOI FACE CEEA CE NU AM REUȘIT?

Ziua19:
"Atunci când auzi o voce care îți spune că "nu poți picta", dacă continui să pictezi, vocea va dispărea."
Vincent Van Gogh

LECTURA BIBLICĂ: Filipeni 4:8; CE LECȚIE ÎMI TRANSMITE:

MĂRTURISIRE DE CREDINȚĂ:

MOTIVE DE MULȚUMIRE ȘI RUGĂCIUNE:

EXERCIȚIU DE DEZVOLTARE PERSONALĂ:
Ce îmi doresc cu adevărat în domeniul **călătoriilor** și a **vacanțelor**?
De ce îmi doresc acest lucru?

OBIECTIVE ZILNICE ȘI PAȘI CONCREȚI PENTRU A LE ATINGE:

AGENDA ZILEI:

06:00	15:00
07:00	16:00
08:00	17:00
09:00	18:00
10:00	19:00
11:00	20:00
12:00	21:00
13:00	22:00
14:00	23:00

EVALUAREA ZILEI (înainte de a merge la culcare)

CE AM ÎNVĂȚAT ASTĂZI ȘI CUM M-AM SIMȚIT?

CE NU AM REUȘIT SĂ FAC DIN CEEA CE MI-AM PROPUS? DE CE? CÂND VOI FACE CEEA CE NU AM REUȘIT?

Ziua 20:
"Dificultățile sunt acele lucruri care te sperie atunci când îți îndepărtezi ochii de la țintă."
Henry Ford

LECTURA BIBLICĂ: 2 Petru 2:5-9; CE LECȚIE ÎMI TRANSMITE:

MĂRTURISIRE DE CREDINȚĂ:

MOTIVE DE MULȚUMIRE ȘI RUGĂCIUNE:

EXERCIȚIU DE DEZVOLTARE PERSONALĂ:
Care sunt temerile care mă împiedică să cresc la nivel **spiritual**? Ce mă blochează și/sau îmi distrage atenția? Ce decizii trebuie să iau pentru a rezolva aceste situații?

OBIECTIVE ZILNICE ȘI PAȘI CONCREȚI PENTRU A LE ATINGE:

AGENDA ZILEI:

06:00	15:00
07:00	16:00
08:00	17:00
09:00	18:00
10:00	19:00
11:00	20:00
12:00	21:00
13:00	22:00
14:00	23:00

EVALUAREA ZILEI (înainte de a merge la culcare)

CE AM ÎNVĂȚAT ASTĂZI ȘI CUM M-AM SIMȚIT?

CE NU AM REUȘIT SĂ FAC DIN CEEA CE MI-AM PROPUS? DE CE? CÂND VOI FACE CEEA CE NU AM REUȘIT?

Ziua 21:
"Destinul tău e ceea ce tu decizi să fii."
Ralph Waldo Emerson

LECTURA BIBLICĂ: Matei 7:12; CE LECȚIE ÎMI TRANSMITE:

MĂRTURISIRE DE CREDINȚĂ:

MOTIVE DE MULȚUMIRE ȘI RUGĂCIUNE:

EXERCIȚIU DE DEZVOLTARE PERSONALĂ:
Care sunt temerile care mă împiedică să cresc în domeniul **relației de familie**? Ce mă blochează și/sau îmi distrage atenția? Ce decizii trebuie să iau pentru a rezolva aceste situații?

OBIECTIVE ZILNICE ȘI PAȘI CONCREȚI PENTRU A LE ATINGE:

AGENDA ZILEI:

06:00	15:00
07:00	16:00
08:00	17:00
09:00	18:00
10:00	19:00
11:00	20:00
12:00	21:00
13:00	22:00
14:00	23:00

EVALUAREA ZILEI (înainte de a merge la culcare)

CE AM ÎNVĂȚAT ASTĂZI ȘI CUM M-AM SIMȚIT?

CE NU AM REUȘIT SĂ FAC DIN CEEA CE MI-AM PROPUS? DE CE? CÂND VOI FACE CEEA CE NU AM REUȘIT?

Ziua 22:
"Lipsa țintelor predispune la intemperanță"
Ellen G. White

LECTURA BIBLICĂ: Numeri 14:7-9; CE LECȚIE ÎMI TRANSMITE:

MĂRTURISIRE DE CREDINȚĂ:

MOTIVE DE MULȚUMIRE ȘI RUGĂCIUNE:

OBIECTIVE SĂPTĂMÂNALE ȘI PAȘI CONCREȚI PENTRU A LE ATINGE:

SPIRITUAL:
Pași concreți:
SĂNĂTATE și STIL DE VIAȚĂ:
Pași concreți:
INTELECTUAL:
Pași concreți:
RELAȚIONAL:
Pași concreți:
MUNCĂ/STUDII:
Pași concreți:

AGENDA ZILEI:

06:00	15:00
07:00	16:00
08:00	17:00
09:00	18:00
10:00	19:00
11:00	20:00
12:00	21:00
13:00	22:00
14:00	23:00

EVALUARE SĂPTĂMÂNALĂ:

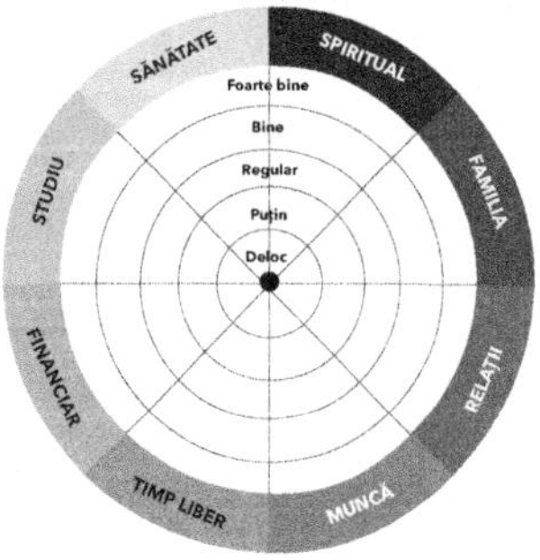

Indicații:

←
Această figură reprezintă viața ta. Cum apreciezi creșterea ta săptămânală în fiecare domeniu menționat?

→
O folosire bună a timpului este importantă pentru creșterea ta personală
Evaluează folosind următorii indicatori:
Z - zilnic
AZ - aproape zilnic
P - puțin
D - deloc

Timp dedicat:	
Lectura Bibliei	
Lectura de cărți spirituale	
Lectura de cărți inspiratoare	
Meditație și rugăciune	
Misiune	
Timp cu prietenii	
Noi obiceiuri	
Noi abilități	
Exercițiu fizic	
Internet și rețele sociale	

Ziua 23:
"Persoanele de succes întotdeauna caută oportunități ca să îi ajute pe ceilalți. Cealaltă categorie se întreabă: ¿Ce pot face ceilalți pentru mine?" Brian Tracy

LECTURA BIBLICĂ: Matei 5:23-24; CE LECȚIE ÎMI TRANSMITE:

MĂRTURISIRE DE CREDINȚĂ:

MOTIVE DE MULȚUMIRE ȘI RUGĂCIUNE:

EXERCIȚIU DE DEZVOLTARE PERSONALĂ:
Care sunt temerile care mă împiedică să cresc în domeniul **relațiilor** și al **prieteniilor**? Ce mă blochează și/sau îmi distrage atenția? Ce decizii trebuie să iau pentru a rezolva aceste situații?

OBIECTIVE ZILNICE ȘI PAȘI CONCREȚI PENTRU A LE ATINGE:

AGENDA ZILEI:

06:00	15:00
07:00	16:00
08:00	17:00
09:00	18:00
10:00	19:00
11:00	20:00
12:00	21:00
13:00	22:00
14:00	23:00

EVALUAREA ZILEI (înainte de a merge la culcare)

CE AM ÎNVĂȚAT ASTĂZI ȘI CUM M-AM SIMȚIT?

CE NU AM REUȘIT SĂ FAC DIN CEEA CE MI-AM PROPUS? DE CE? CÂND VOI FACE CEEA CE NU AM REUȘIT?

Ziua 24:
"Educația e costisitoare. La fel e și ignoranța."
Sir Claus Moser

LECTURA BIBLICĂ: Galateni 6:9; CE LECȚIE ÎMI TRANSMITE:

MĂRTURISIRE DE CREDINȚĂ:

MOTIVE DE MULȚUMIRE ȘI RUGĂCIUNE:

EXERCIȚIU DE DEZVOLTARE PERSONALĂ:
Care sunt temerile care mă împiedică să cresc în domeniul **studiilor și/sau profesional**? Ce mă blochează și/sau îmi distrage atenția? Ce decizii trebuie să iau pentru a rezolva aceste situații?

OBIECTIVE ZILNICE ȘI PAȘI CONCREȚI PENTRU A LE ATINGE:

AGENDA ZILEI:

06:00	15:00
07:00	16:00
08:00	17:00
09:00	18:00
10:00	19:00
11:00	20:00
12:00	21:00
13:00	22:00
14:00	23:00

EVALUAREA ZILEI (înainte de a merge la culcare)

CE AM ÎNVĂȚAT ASTĂZI ȘI CUM M-AM SIMȚIT?

CE NU AM REUȘIT SĂ FAC DIN CEEA CE MI-AM PROPUS? DE CE? CÂND VOI FACE CEEA CE NU AM REUȘIT?

Ziua 25:
"Tot ceea ce ți-ai dorit intotdeauna se găsește dincolo de teamă."
George Addair

LECTURA BIBLICĂ: Deuteronom 5.33; CE LECȚIE ÎMI TRANSMITE:

MĂRTURISIRE DE CREDINȚĂ:

MOTIVE DE MULȚUMIRE ȘI RUGĂCIUNE:

EXERCIȚIU DE DEZVOLTARE PERSONALĂ:
Care sunt temerile care mă împiedică să cresc la nivel **financiar**? Ce mă blochează și/sau îmi distrage atenția? Ce decizii trebuie să iau pentru a rezolva aceste situații?

OBIECTIVE ZILNICE ȘI PAȘI CONCREȚI PENTRU A LE ATINGE:

AGENDA ZILEI:

06:00	15:00
07:00	16:00
08:00	17:00
09:00	18:00
10:00	19:00
11:00	20:00
12:00	21:00
13:00	22:00
14:00	23:00

EVALUAREA ZILEI (înainte de a merge la culcare)

CE AM ÎNVĂȚAT ASTĂZI ȘI CUM M-AM SIMȚIT?

CE NU AM REUȘIT SĂ FAC DIN CEEA CE MI-AM PROPUS? DE CE? CÂND VOI FACE CEEA CE NU AM REUȘIT?

Ziua 26:
"Odată ce ai ales speranța, orice lucru e posibil."
Christopher Reeve

LECTURA BIBLICĂ: Proverbe 24:5; CE LECȚIE ÎMI TRANSMITE:

MĂRTURISIRE DE CREDINȚĂ:

MOTIVE DE MULȚUMIRE ȘI RUGĂCIUNE:

EXERCIȚIU DE DEZVOLTARE PERSONALĂ:
Care sunt temerile care mă împiedică să cresc la nivel **intelectual**? Ce mă blochează și/sau îmi distrage atenția? Ce decizii trebuie să iau pentru a rezolva aceste situații?

OBIECTIVE ZILNICE ȘI PAȘI CONCREȚI PENTRU A LE ATINGE:

AGENDA ZILEI:

06:00	15:00
07:00	16:00
08:00	17:00
09:00	18:00
10:00	19:00
11:00	20:00
12:00	21:00
13:00	22:00
14:00	23:00

EVALUAREA ZILEI (înainte de a merge la culcare)

CE AM ÎNVĂȚAT ASTĂZI ȘI CUM M-AM SIMȚIT?

CE NU AM REUȘIT SĂ FAC DIN CEEA CE MI-AM PROPUS? DE CE? CÂND VOI FACE CEEA CE NU AM REUȘIT?

Ziua 27:

"Atunci când se închide o ușă, alta se deschide. Însă de cele mai multe ori ne uităm atât de mult la ușa închisă, încât nu observăm că o altă ușă ni s-a deschis." Helen Keller

LECTURA BIBLICĂ: Exod 23:25; CE LECȚIE ÎMI TRANSMITE:

MĂRTURISIRE DE CREDINȚĂ:

MOTIVE DE MULȚUMIRE ȘI RUGĂCIUNE:

EXERCIȚIU DE DEZVOLTARE PERSONALĂ:
Care sunt temerile care mă împiedică să cresc în domeniul **sănătății** și/sau **al stilului de viață**? Ce mă blochează și/sau îmi distrage atenția? Ce decizii trebuie să iau pentru a rezolva aceste situații?

OBIECTIVE ZILNICE ȘI PAȘI CONCREȚI PENTRU A LE ATINGE:

AGENDA ZILEI:

06:00	15:00
07:00	16:00
08:00	17:00
09:00	18:00
10:00	19:00
11:00	20:00
12:00	21:00
13:00	22:00
14:00	23:00

EVALUAREA ZILEI (înainte de a merge la culcare)

CE AM ÎNVĂȚAT ASTĂZI ȘI CUM M-AM SIMȚIT?

CE NU AM REUȘIT SĂ FAC DIN CEEA CE MI-AM PROPUS? DE CE? CÂND VOI FACE CEEA CE NU AM REUȘIT?

Ziua 28:
"¡Ce extraordinar e că nimeni nu trebuie ca să aștepte nici măcar un moment pentru a începe să schimbe lumea!"
Anne Frank

LECTURA BIBLICĂ: Proverbe 3:7-8; CE LECȚIE ÎMI TRANSMITE:

MĂRTURISIRE DE CREDINȚĂ:

MOTIVE DE MULȚUMIRE ȘI RUGĂCIUNE:

EXERCIȚIU DE DEZVOLTARE PERSONALĂ:
Care sunt temerile care mă împiedică să cresc în domeniul **divertismentului**? Ce mă blochează și/ sau îmi distrage atenția? Ce decizii trebuie să iau pentru a rezolva aceste situații?

OBIECTIVE ZILNICE ȘI PAȘI CONCREȚI PENTRU A LE ATINGE:

AGENDA ZILEI:

06:00 15:00
07:00 16:00
08:00 17:00
09:00 18:00
10:00 19:00
11:00 20:00
12:00 21:00
13:00 22:00
14:00 23:00

EVALUAREA ZILEI (înainte de a merge la culcare)

CE AM ÎNVĂȚAT ASTĂZI ȘI CUM M-AM SIMȚIT?

CE NU AM REUȘIT SĂ FAC DIN CEEA CE MI-AM PROPUS? DE CE? CÂND VOI FACE CEEA CE NU AM REUȘIT?

Ziua 29:

"Idealul lui Dumnezeu pentru copii Săi este mai înalt chiar și decât cel mai frumos ideal gândit de om."

Ellen G. White

LECTURA BIBLICĂ: Judecători 6:11-16; CE LECȚIE ÎMI TRANSMITE:

....

....

MĂRTURISIRE DE CREDINȚĂ:

....

....

MOTIVE DE MULȚUMIRE ȘI RUGĂCIUNE:

....

....

OBIECTIVE SĂPTĂMÂNALE ȘI PAȘI CONCREȚI PENTRU A LE ATINGE:

SPIRITUAL: ....

Pași concreți: ....

SĂNĂTATE și STIL DE VIAȚĂ: ....

Pași concreți: ....

INTELECTUAL: ....

Pași concreți: ....

RELAȚIONAL: ....

Pași concreți: ....

MUNCĂ/STUDII: ....

Pași concreți: ....

AGENDA ZILEI:

06:00	15:00 ....
07:00	16:00 ....
08:00	17:00 ....
09:00	18:00 ....
10:00	19:00 ....
11:00	20:00 ....
12:00	21:00 ....
13:00	22:00 ....
14:00	23:00 ....

EVALUARE SĂPTĂMÂNALĂ:

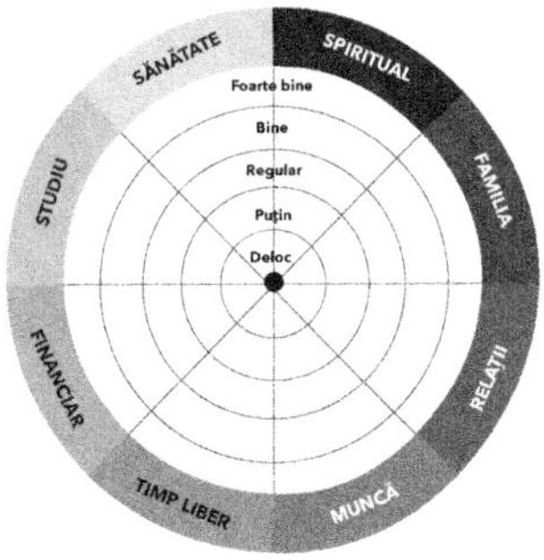

Indicații:

←

Această figură reprezintă viața ta. Cum apreciezi creșterea ta săptămânală în fiecare domeniu menționat?

→

O folosire bună a timpului este importantă pentru creșterea ta personală

Evaluează folosind următorii indicatori:

Z - zilnic

AZ - aproape zilnic

P - puțin

D - deloc

Timp dedicat:	
Lectura Bibliei	
Lectura de cărți spirituale	
Lectura de cărți inspiratoare	
Meditație și rugăciune	
Misiune	
Timp cu prietenii	
Noi obiceiuri	
Noi abilități	
Exercițiu fizic	
Internet și rețele sociale	

Ziua 30:
"Diferența între o persoană mediocră și o persoană de succes nu este lipsa capacităților, nici a cunoașterii ci lipsa voinței." Vince Lombardi

LECTURA BIBLICĂ: 1 Samuel 17: 34-37; CE LECȚIE ÎMI TRANSMITE:

MĂRTURISIRE DE CREDINȚĂ:

MOTIVE DE MULȚUMIRE ȘI RUGĂCIUNE:

EXERCIȚIU DE DEZVOLTARE PERSONALĂ:
Cum mi-ar plăcea ca să fie viața mea?
Răspunsul la această întrebare va defini care este VIZIUNEA VIEȚII TALE.

OBIECTIVE ZILNICE ȘI PAȘI CONCREȚI PENTRU A LE ATINGE:

AGENDA ZILEI:

06:00	15:00
07:00	16:00
08:00	17:00
09:00	18:00
10:00	19:00
11:00	20:00
12:00	21:00
13:00	22:00
14:00	23:00

EVALUAREA ZILEI (înainte de a merge la culcare)

CE AM ÎNVĂȚAT ASTĂZI ȘI CUM M-AM SIMȚIT?

CE NU AM REUȘIT SĂ FAC DIN CEEA CE MI-AM PROPUS? DE CE? CÂND VOI FACE CEEA CE NU AM REUȘIT?

Ziua 35:
"Dificultățile fac ca viața să fie stimulantă iar rezolvarea lor face ca ea să fie semnificativă."
Joshua J. Marine

LECTURA BIBLICĂ: Psalmi 34:4-8; CE LECȚIE ÎMI TRANSMITE:

MĂRTURISIRE DE CREDINȚĂ:

MOTIVE DE MULȚUMIRE ȘI RUGĂCIUNE:

EXERCIȚIU DE DEZVOLTARE PERSONALĂ:
Care este motivația mea pentru a asimila al doilea obicei bun pe care mi l-am propus?
Ce pași concreți zilnici, săptămânali și lunari trebuie ca să fac ca să asimilez acest obicei?

OBIECTIVE ZILNICE ȘI PAȘI CONCREȚI PENTRU A LE ATINGE:

AGENDA ZILEI:

06:00	15:00
07:00	16:00
08:00	17:00
09:00	18:00
10:00	19:00
11:00	20:00
12:00	21:00
13:00	22:00
14:00	23:00

EVALUAREA ZILEI (înainte de a merge la culcare)

CE AM ÎNVĂȚAT ASTĂZI ȘI CUM M-AM SIMȚIT?

CE NU AM REUȘIT SĂ FAC DIN CEEA CE MI-AM PROPUS? DE CE? CÂND VOI FACE CEEA CE NU AM REUȘIT?

Ziua 36:
"Ceea ce nu se poate obține prin eforturi omenești, se realizează prin harul lui Dumnezeu, în toți cei care se predau Lui cu dragoste și credință." Ellen G. White

LECTURA BIBLICĂ: Psalmi 37:3-6; CE LECȚIE ÎMI TRANSMITE:

MĂRTURISIRE DE CREDINȚĂ:

MOTIVE DE MULȚUMIRE ȘI RUGĂCIUNE:

OBIECTIVE SĂPTĂMÂNALE ȘI PAȘI CONCREȚI PENTRU A LE ATINGE:

SPIRITUAL:
Pași concreți:
SĂNĂTATE și STIL DE VIAȚĂ:
Pași concreți:
INTELECTUAL:
Pași concreți:
RELAȚIONAL:
Pași concreți:
MUNCĂ/STUDII:
Pași concreți:

AGENDA ZILEI:

06:00	15:00
07:00	16:00
08:00	17:00
09:00	18:00
10:00	19:00
11:00	20:00
12:00	21:00
13:00	22:00
14:00	23:00

EVALUARE SĂPTĂMÂNALĂ:

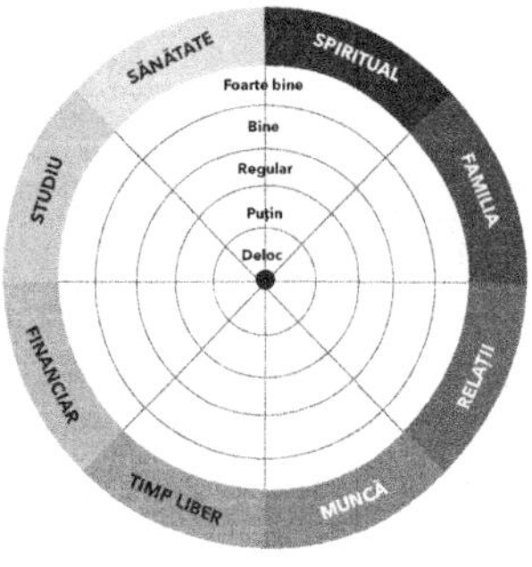

Indicații:

← Această figură reprezintă viața ta. Cum apreciezi creșterea ta săptămânală în fiecare domeniu menționat?

→ O folosire bună a timpului este importantă pentru creșterea ta personală
Evaluează folosind următorii indicatori:
Z - zilnic
AZ - aproape zilnic
P - puțin
D - deloc

Timp dedicat:	
Lectura Bibliei	
Lectura de cărți spirituale	
Lectura de cărți inspiratoare	
Meditație și rugăciune	
Misiune	
Timp cu prietenii	
Noi obiceiuri	
Noi abilități	
Exercițiu fizic	
Internet și rețele sociale	

Ziua 37:

"Singurul mod de a începe ceva noi este acela de a trece de la vorbe la fapte."

Walt Disney

LECTURA BIBLICĂ: Psalmi 46:1-3; CE LECȚIE ÎMI TRANSMITE:

MĂRTURISIRE DE CREDINȚĂ:

MOTIVE DE MULȚUMIRE ȘI RUGĂCIUNE:

EXERCIȚIU DE DEZVOLTARE PERSONALĂ:
Care este motivația mea pentru a asimila al treilea obicei bun pe care mi l-am propus?
Ce pași concreți zilnici, săptămânali și lunari trebuie ca să fac ca să asimilez acest obicei?

OBIECTIVE ZILNICE ȘI PAȘI CONCREȚI PENTRU A LE ATINGE:

AGENDA ZILEI:

06:00	15:00
07:00	16:00
08:00	17:00
09:00	18:00
10:00	19:00
11:00	20:00
12:00	21:00
13:00	22:00
14:00	23:00

EVALUAREA ZILEI (înainte de a merge la culcare)

CE AM ÎNVĂȚAT ASTĂZI ȘI CUM M-AM SIMȚIT?

CE NU AM REUȘIT SĂ FAC DIN CEEA CE MI-AM PROPUS? DE CE? CÂND VOI FACE CEEA CE NU AM REUȘIT?

Ziua 38:
"Să facă un pas nou, să rostească un cuvant nou, de asta se tem oamenii cel mai mult."
Fyodor Dostoyevsky

LECTURA BIBLICĂ: 1 Împărați 3: 9-13; CE LECȚIE ÎMI TRANSMITE:

MĂRTURISIRE DE CREDINȚĂ:

MOTIVE DE MULȚUMIRE ȘI RUGĂCIUNE:

EXERCIȚIU DE DEZVOLTARE PERSONALĂ:
Menționează 4 persoane al căror exemplu îți servește ca inspirație?
Ce anume te impresionează la fiecare din ele? Ce te inspiră?

OBIECTIVE ZILNICE ȘI PAȘI CONCREȚI PENTRU A LE ATINGE:

AGENDA ZILEI:

06:00	15:00
07:00	16:00
08:00	17:00
09:00	18:00
10:00	19:00
11:00	20:00
12:00	21:00
13:00	22:00
14:00	23:00

EVALUAREA ZILEI (înainte de a merge la culcare)

CE AM ÎNVĂȚAT ASTĂZI ȘI CUM M-AM SIMȚIT?

CE NU AM REUȘIT SĂ FAC DIN CEEA CE MI-AM PROPUS? DE CE? CÂND VOI FACE CEEA CE NU AM REUȘIT?

Ziua 39:
"Limitele există doar în mintea noastră. Însă dacă folosim imaginația, posibilitățile sunt infinite."
Jamie Paolinetti

LECTURA BIBLICĂ: Psalmi 55: 16-18, 22; CE LECȚIE ÎMI TRANSMITE:

....

....

MĂRTURISIRE DE CREDINȚĂ:

....

....

MOTIVE DE MULȚUMIRE ȘI RUGĂCIUNE:

....

....

EXERCIȚIU DE DEZVOLTARE PERSONALĂ:

O învestigație despre importanța stabilirii unor obiective precise în viață, realizată de Gail Matthews, de la Universitatea de California, a determinat că posibilitatea de a atinge succesul în ceea ce ți-ai propus este cu 42% mai mult, **dacă doar le-ai scris.** Dacă le și împărtășești și cu alte persoane, și le prezinți stadiul la care te afli, procentajul succesului crește până la 50%.

Un alt studiu realizat de Harvard Business School în 1979, a studenților recent graduați în programul de Master, a determinat că doar 84% din ei nu aveau ținte specifice cu privire la viitor, 13% aveau anumite ținte însă nu le aveau scrise. Numai **3% ținte și planuri concrete pentru a le atinge**. 10 ani mai târziu, în 1989, au fost intervievate aceleași categorii de studenți iar rezultatele era acestea: cei 84% erau remunerați din punct de vedere financiar ca și cei care au studiat la instituții obișnuite; cei 13% câștigau dublu decât cei 84% iar cei **3% care aveau ținte scrise, câștigau de 10 ori mai mult decat ceilalți 97%**.

Ai fost creat ca să fii o persoană de succes. **Sistemul Activator Reticular Ascendent face ca simțurile tale să detecte oportunitățile în legătură cu ceea ce ți/ai propus în scris.** Așadar nu ești condamnat la mediocritate. Acesta este momentul ca să decizi să fii o persoană excepțională. În următoarele zile scrie-ți țintele care ți-ai dori ca să se împlinească în viața ta pe termen **lung (peste 5 ani)**, **mediu (între 2 și 5 ani)** și **scurt (1 an)** și urmează pașii care sunt prezentați pentru ați împlini obiectivele.

OBIECTIVE ZILNICE ȘI PAȘI CONCREȚI PENTRU A LE ATINGE:

....

....

....

AGENDA ZILEI:

06:00	15:00 ....
07:00	16:00 ....
08:00	17:00 ....
09:00	18:00 ....
10:00	19:00 ....
11:00	20:00 ....
12:00	21:00 ....
13:00	22:00 ....
14:00	23:00 ....

EVALUAREA ZILEI (înainte de a merge la culcare)

CE AM ÎNVĂȚAT ASTĂZI ȘI CUM M-AM SIMȚIT?

....

....

CE NU AM REUȘIT SĂ FAC DIN CEEA CE MI-AM PROPUS? DE CE? CÂND VOI FACE CEEA CE NU AM REUȘIT?

....

....

Ziua 40:

"Cunoaște-ți temerile cele mai profunde. Așa îi vei diminua puterea, iar teama de libertate se va reduce până va dispărea. Și vei fi liber." Jim Morrison

LECTURA BIBLICĂ: Psalmi 73:23-26; CE LECȚIE ÎMI TRANSMITE:

MĂRTURISIRE DE CREDINȚĂ:

MOTIVE DE MULȚUMIRE ȘI RUGĂCIUNE:

EXERCIȚIU DE DEZVOLTARE PERSONALĂ:

Scrie 5 obiective care ți-ar plăcea să atingi pe termen lung, în domeniul CREȘTERII SPIRITUALE. De cei vrei ca să atingi aceste ținte? Ce schimbări ar produce în viața ta?

OBIECTIVE ZILNICE ȘI PAȘI CONCREȚI PENTRU A LE ATINGE:

AGENDA ZILEI:

06:00	15:00
07:00	16:00
08:00	17:00
09:00	18:00
10:00	19:00
11:00	20:00
12:00	21:00
13:00	22:00
14:00	23:00

EVALUAREA ZILEI (înainte de a merge la culcare)

CE AM ÎNVĂȚAT ASTĂZI ȘI CUM M-AM SIMȚIT?

CE NU AM REUȘIT SĂ FAC DIN CEEA CE MI-AM PROPUS? DE CE? CÂND VOI FACE CEEA CE NU AM REUȘIT?

Ziua 41:

"Ca să ai succes, dorința de a avea succes trebuie să fie mai mare decât teama de eșec."
Bill Cosby

LECTURA BIBLICĂ: Psalmi 91:14-16; CE LECȚIE ÎMI TRANSMITE:

....

....

MĂRTURISIRE DE CREDINȚĂ:

....

....

MOTIVE DE MULȚUMIRE ȘI RUGĂCIUNE:

....

....

EXERCIȚIU DE DEZVOLTARE PERSONALĂ:
Scrie 5 obiective care ți-ar plăcea să atingi pe termen lung, în domeniul RELAȚIEI DE FAMILIE. De cei vrei ca să atingi aceste ținte? Ce schimbări ar produce în viața ta?

....

....

....

....

....

....

....

....

OBIECTIVE ZILNICE ȘI PAȘI CONCREȚI PENTRU A LE ATINGE:

....

....

....

AGENDA ZILEI:

06:00	15:00 ....
07:00	16:00 ....
08:00	17:00 ....
09:00	18:00 ....
10:00	19:00 ....
11:00	20:00 ....
12:00	21:00 ....
13:00	22:00 ....
14:00	23:00 ....

EVALUAREA ZILEI (înainte de a merge la culcare)

CE AM ÎNVĂȚAT ASTĂZI ȘI CUM M-AM SIMȚIT?

....

....

CE NU AM REUȘIT SĂ FAC DIN CEEA CE MI-AM PROPUS? DE CE? CÂND VOI FACE CEEA CE NU AM REUȘIT?

....

....

Ziua 42:
"Dacă nu te deviezi de la drumul cunoscut, progresul nu e posibil."
Frank Zappa

LECTURA BIBLICĂ: Psalmi 103: 3-5; CE LECȚIE ÎMI TRANSMITE:

....

....

MĂRTURISIRE DE CREDINȚĂ:

....

....

MOTIVE DE MULȚUMIRE ȘI RUGĂCIUNE:

....

....

EXERCIȚIU DE DEZVOLTARE PERSONALĂ:
Scrie 5 obiective care ți-ar plăcea să atingi pe termen lung, în domeniul RELAȚIILOR DE PRIETENIE. De cei vrei ca să atingi aceste ținte? Ce schimbări ar produce în viața ta?

....

....

....

....

....

....

....

....

OBIECTIVE ZILNICE ȘI PAȘI CONCREȚI PENTRU A LE ATINGE:

....

....

....

AGENDA ZILEI:

06:00	15:00 ....
07:00	16:00 ....
08:00	17:00 ....
09:00	18:00 ....
10:00	19:00 ....
11:00	20:00 ....
12:00	21:00 ....
13:00	22:00 ....
14:00	23:00 ....

EVALUAREA ZILEI (înainte de a merge la culcare)

CE AM ÎNVĂȚAT ASTĂZI ȘI CUM M-AM SIMȚIT?

....

....

CE NU AM REUȘIT SĂ FAC DIN CEEA CE MI-AM PROPUS? DE CE? CÂND VOI FACE CEEA CE NU AM REUȘIT?

....

....

Ziua 47:
"Creativitatea nu se epuizează niciodată. Cu cât o folosești mai mult, cu atât mai mult se înmulțește."
Maya Angelou

LECTURA BIBLICĂ: Psalmi 119: 9-11, 15-17; CE LECȚIE ÎMI TRANSMITE:

MĂRTURISIRE DE CREDINȚĂ:

MOTIVE DE MULȚUMIRE ȘI RUGĂCIUNE:

EXERCIȚIU DE DEZVOLTARE PERSONALĂ:
Scrie 5 obiective care ți-ar plăcea să atingi pe termen lung, în domeniul SĂNĂTĂȚII și al STILULUI DE VIAȚĂ. De cei vrei ca să atingi aceste ținte? Ce schimbări ar produce în viața ta?

OBIECTIVE ZILNICE ȘI PAȘI CONCREȚI PENTRU A LE ATINGE:

AGENDA ZILEI:

06:00	15:00
07:00	16:00
08:00	17:00
09:00	18:00
10:00	19:00
11:00	20:00
12:00	21:00
13:00	22:00
14:00	23:00

EVALUAREA ZILEI (înainte de a merge la culcare)

CE AM ÎNVĂȚAT ASTĂZI ȘI CUM M-AM SIMȚIT?

CE NU AM REUȘIT SĂ FAC DIN CEEA CE MI-AM PROPUS? DE CE? CÂND VOI FACE CEEA CE NU AM REUȘIT?

Ziua 48:
"Viețile noastre încetează să mai existe în ziua în care începem să tăcem cu privire la lucrurile care sunt importante."
Martin Luther King Jr.

LECTURA BIBLICĂ: Psalmi 119:33-40; CE LECȚIE ÎMI TRANSMITE:

MĂRTURISIRE DE CREDINȚĂ:

MOTIVE DE MULȚUMIRE ȘI RUGĂCIUNE:

EXERCIȚIU DE DEZVOLTARE PERSONALĂ:
Scrie 5 obiective care ți-ar plăcea să atingi pe termen lung, în domeniul DIVERTISMENTULUI. De cei vrei ca să atingi aceste ținte? Ce schimbări ar produce în viața ta?

OBIECTIVE ZILNICE ȘI PAȘI CONCREȚI PENTRU A LE ATINGE:

AGENDA ZILEI:

06:00
07:00
08:00
09:00
10:00
11:00
12:00
13:00
14:00

15:00
16:00
17:00
18:00
19:00
20:00
21:00
22:00
23:00

EVALUAREA ZILEI (înainte de a merge la culcare)

CE AM ÎNVĂȚAT ASTĂZI ȘI CUM M-AM SIMȚIT?

CE NU AM REUȘIT SĂ FAC DIN CEEA CE MI-AM PROPUS? DE CE? CÂND VOI FACE CEEA CE NU AM REUȘIT?

Ziua 51:
"Schimbă-ți felul de a gândi și vei schimba lumea în care trăiești."
Norman Vincent Peale

LECTURA BIBLICĂ: Psalmi 143: 8-11; CE LECȚIE ÎMI TRANSMITE:

MĂRTURISIRE DE CREDINȚĂ:

MOTIVE DE MULȚUMIRE ȘI RUGĂCIUNE:

EXERCIȚIU DE DEZVOLTARE PERSONALĂ:
Scrie 5 obiective care ți-ar plăcea să atingi pe termen mediu, în domeniul CREȘTERII SPIRITUALE. De cei vrei ca să atingi aceste ținte? Ce schimbări ar produce în viața ta?

OBIECTIVE ZILNICE ȘI PAȘI CONCREȚI PENTRU A LE ATINGE:

AGENDA ZILEI:

06:00	15:00
07:00	16:00
08:00	17:00
09:00	18:00
10:00	19:00
11:00	20:00
12:00	21:00
13:00	22:00
14:00	23:00

EVALUAREA ZILEI (înainte de a merge la culcare)

CE AM ÎNVĂȚAT ASTĂZI ȘI CUM M-AM SIMȚIT?

CE NU AM REUȘIT SĂ FAC DIN CEEA CE MI-AM PROPUS? DE CE? CÂND VOI FACE CEEA CE NU AM REUȘIT?

Ziua 52:
"Singurul mod de a face un lucru extraordinar este să iubești ceea ce faci."
Steve Jobs

LECTURA BIBLICĂ: Psalmi 145: 14, 18, 19; CE LECȚIE ÎMI TRANSMITE:

....

....

MĂRTURISIRE DE CREDINȚĂ:

....

....

MOTIVE DE MULȚUMIRE ȘI RUGĂCIUNE:

....

....

EXERCIȚIU DE DEZVOLTARE PERSONALĂ:
Scrie 5 obiective care ți-ar plăcea să atingi pe termen mediu, în domeniul RELAȚIEI DE FAMILIE. De cei vrei ca să atingi aceste ținte? Ce schimbări ar produce în viața ta?

....

....

....

....

....

....

....

....

OBIECTIVE ZILNICE ȘI PAȘI CONCREȚI PENTRU A LE ATINGE:

....

....

....

AGENDA ZILEI:

06:00 ....
07:00 ....
08:00 ....
09:00 ....
10:00 ....
11:00 ....
12:00 ....
13:00 ....
14:00 ....
15:00 ....
16:00 ....
17:00 ....
18:00 ....
19:00 ....
20:00 ....
21:00 ....
22:00 ....
23:00 ....

EVALUAREA ZILEI (înainte de a merge la culcare)

CE AM ÎNVĂȚAT ASTĂZI ȘI CUM M-AM SIMȚIT?

....

....

CE NU AM REUȘIT SĂ FAC DIN CEEA CE MI-AM PROPUS? DE CE? CÂND VOI FACE CEEA CE NU AM REUȘIT?

....

....

Ziua 53:
"Toți cei mediocri îți vor spune ca succesul e o chestiune de noroc."
Earl Wilson

LECTURA BIBLICĂ: Proverbe 2:1-9; CE LECȚIE ÎMI TRANSMITE:

MĂRTURISIRE DE CREDINȚĂ:

MOTIVE DE MULȚUMIRE ȘI RUGĂCIUNE:

EXERCIȚIU DE DEZVOLTARE PERSONALĂ:
Scrie 5 obiective care ți-ar plăcea să atingi pe termen mediu, în domeniul RELAȚIILOR DE PRIETENIE. De cei vrei ca să atingi aceste ținte? Ce schimbări ar produce în viața ta?

OBIECTIVE ZILNICE ȘI PAȘI CONCREȚI PENTRU A LE ATINGE:

AGENDA ZILEI:

06:00	15:00
07:00	16:00
08:00	17:00
09:00	18:00
10:00	19:00
11:00	20:00
12:00	21:00
13:00	22:00
14:00	23:00

EVALUAREA ZILEI (înainte de a merge la culcare)

CE AM ÎNVĂȚAT ASTĂZI ȘI CUM M-AM SIMȚIT?

CE NU AM REUȘIT SĂ FAC DIN CEEA CE MI-AM PROPUS? DE CE? CÂND VOI FACE CEEA CE NU AM REUȘIT?

Ziua 54:
"Tot ceea ce îți poți imagina, poți obține."
Zig Ziglar

LECTURA BIBLICĂ: Proverbe 3:5-8; CE LECȚIE ÎMI TRANSMITE:

MĂRTURISIRE DE CREDINȚĂ:

MOTIVE DE MULȚUMIRE ȘI RUGĂCIUNE:

EXERCIȚIU DE DEZVOLTARE PERSONALĂ:
Scrie 5 obiective care ți-ar plăcea să atingi pe termen mediu, în domeniul EDUCATIV și/sau PROFESIONAL. De cei vrei ca să atingi aceste ținte? Ce schimbări ar produce în viața ta?

OBIECTIVE ZILNICE ȘI PAȘI CONCREȚI PENTRU A LE ATINGE:

AGENDA ZILEI:

06:00	15:00
07:00	16:00
08:00	17:00
09:00	18:00
10:00	19:00
11:00	20:00
12:00	21:00
13:00	22:00
14:00	23:00

EVALUAREA ZILEI (înainte de a merge la culcare)

CE AM ÎNVĂȚAT ASTĂZI ȘI CUM M-AM SIMȚIT?

CE NU AM REUȘIT SĂ FAC DIN CEEA CE MI-AM PROPUS? DE CE? CÂND VOI FACE CEEA CE NU AM REUȘIT?

Ziua 55:
"Singurul loc în care succesul apare înaintea muncii este doar în dicționar". (Succes - Work)
Vidal Sassoon

LECTURA BIBLICĂ: Proverbe 3:21-28; CE LECȚIE ÎMI TRANSMITE:

MĂRTURISIRE DE CREDINȚĂ:

MOTIVE DE MULȚUMIRE ȘI RUGĂCIUNE:

EXERCIȚIU DE DEZVOLTARE PERSONALĂ:
Scrie 5 obiective care ți-ar plăcea să atingi pe termen mediu, în domeniul FINANCIAR. De cei vrei ca să atingi aceste ținte? Ce schimbări ar produce în viața ta?

OBIECTIVE ZILNICE ȘI PAȘI CONCREȚI PENTRU A LE ATINGE:

AGENDA ZILEI:

06:00	15:00
07:00	16:00
08:00	17:00
09:00	18:00
10:00	19:00
11:00	20:00
12:00	21:00
13:00	22:00
14:00	23:00

EVALUAREA ZILEI (înainte de a merge la culcare)

CE AM ÎNVĂȚAT ASTĂZI ȘI CUM M-AM SIMȚIT?

CE NU AM REUȘIT SĂ FAC DIN CEEA CE MI-AM PROPUS? DE CE? CÂND VOI FACE CEEA CE NU AM REUȘIT?

Ziua 56:
"Toți cei care au succes în ceea ce fac, îl au pentru că iubesc ceea ce fac."
Joe Penna

LECTURA BIBLICĂ: Proverbe 4:5-9; CE LECȚIE ÎMI TRANSMITE:

MĂRTURISIRE DE CREDINȚĂ:

MOTIVE DE MULȚUMIRE ȘI RUGĂCIUNE:

EXERCIȚIU DE DEZVOLTARE PERSONALĂ:
Scrie 5 obiective care ți-ar plăcea să atingi pe termen mediu, în domeniul CREȘTERII INTELECTUALE. De cei vrei ca să atingi aceste ținte? Ce schimbări ar produce în viața ta?

OBIECTIVE ZILNICE ȘI PAȘI CONCREȚI PENTRU A LE ATINGE:

AGENDA ZILEI:

06:00
07:00
08:00
09:00
10:00
11:00
12:00
13:00
14:00
15:00
16:00
17:00
18:00
19:00
20:00
21:00
22:00
23:00

EVALUAREA ZILEI (înainte de a merge la culcare)

CE AM ÎNVĂȚAT ASTĂZI ȘI CUM M-AM SIMȚIT?

CE NU AM REUȘIT SĂ FAC DIN CEEA CE MI-AM PROPUS? DE CE? CÂND VOI FACE CEEA CE NU AM REUȘIT?

Ziua 57:

"Pentru a putea atinge un obiectiv înalt, este nevoie ca să se sacrifice tot ceea ce împiedică atingerea lui."
Ellen G. White

LECTURA BIBLICĂ: Proverbe 4:20-27; CE LECȚIE ÎMI TRANSMITE:

....

....

MĂRTURISIRE DE CREDINȚĂ:

....

....

MOTIVE DE MULȚUMIRE ȘI RUGĂCIUNE:

....

....

OBIECTIVE SĂPTĂMÂNALE ȘI PAȘI CONCREȚI PENTRU A LE ATINGE:

SPIRITUAL: ....
Pași concreți: ....
SĂNĂTATE și STIL DE VIAȚĂ: ....
Pași concreți: ....
INTELECTUAL: ....
Pași concreți: ....
RELAȚIONAL: ....
Pași concreți: ....
MUNCĂ/STUDII: ....
Pași concreți: ....

AGENDA ZILEI:

06:00 .... 15:00 ....
07:00 .... 16:00 ....
08:00 .... 17:00 ....
09:00 .... 18:00 ....
10:00 .... 19:00 ....
11:00 .... 20:00 ....
12:00 .... 21:00 ....
13:00 .... 22:00 ....
14:00 .... 23:00 ....

EVALUARE SĂPTĂMÂNALĂ:

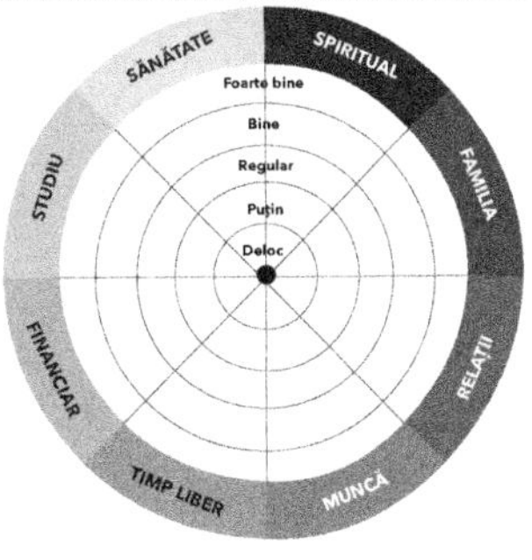

Indicații:

← Această figură reprezintă viața ta. Cum apreciezi creșterea ta săptămânală în fiecare domeniu menționat?

→ O folosire bună a timpului este importantă pentru creșterea ta personală
Evaluează folosind următorii indicatori:
Z - zilnic
AZ - aproape zilnic
P - puțin
D - deloc

Timp dedicat:	
Lectura Bibliei	
Lectura de cărți spirituale	
Lectura de cărți inspiratoare	
Meditație și rugăciune	
Misiune	
Timp cu prietenii	
Noi obiceiuri	
Noi abilități	
Exercițiu fizic	
Internet și rețele sociale	

Ziua 58:

"A fi realist este decizia care duce de cele mai multe ori spre mediocritate."
Will Smith

LECTURA BIBLICĂ: Proverbe 6:16-23; CE LECȚIE ÎMI TRANSMITE:

....

....

MĂRTURISIRE DE CREDINȚĂ:

....

....

MOTIVE DE MULȚUMIRE ȘI RUGĂCIUNE:

....

....

EXERCIȚIU DE DEZVOLTARE PERSONALĂ:

Scrie 5 obiective care ți-ar plăcea să atingi pe termen mediu, în domeniul SĂNĂTĂȚIII și al STILULUI DE VIAȚĂ. De cei vrei ca să atingi aceste ținte? Ce schimbări ar produce în viața ta?

....

....

....

....

....

....

....

OBIECTIVE ZILNICE ȘI PAȘI CONCREȚI PENTRU A LE ATINGE:

....

....

....

AGENDA ZILEI:

06:00	15:00 ....
07:00	16:00 ....
08:00	17:00 ....
09:00	18:00 ....
10:00	19:00 ....
11:00	20:00 ....
12:00	21:00 ....
13:00	22:00 ....
14:00	23:00 ....

EVALUAREA ZILEI (înainte de a merge la culcare)

CE AM ÎNVĂȚAT ASTĂZI ȘI CUM M-AM SIMȚIT?

....

....

CE NU AM REUȘIT SĂ FAC DIN CEEA CE MI-AM PROPUS? DE CE? CÂND VOI FACE CEEA CE NU AM REUȘIT?

....

....

Ziua 59:

"Nu putem schimba nimic până nu ne acceptăm pe noi înșine. Condamnarea nu eliberează. Înrobește."
Carl Jung

LECTURA BIBLICĂ: Proverbe 8: 11-18; CE LECȚIE ÎMI TRANSMITE:

MĂRTURISIRE DE CREDINȚĂ:

MOTIVE DE MULȚUMIRE ȘI RUGĂCIUNE:

EXERCIȚIU DE DEZVOLTARE PERSONALĂ:
Scrie 5 obiective care ți-ar plăcea să atingi pe termen mediu, în domeniul DIVERTISMENTULUI. De cei vrei ca să atingi aceste ținte? Ce schimbări ar produce în viața ta?

OBIECTIVE ZILNICE ȘI PAȘI CONCREȚI PENTRU A LE ATINGE:

AGENDA ZILEI:

06:00
07:00
08:00
09:00
10:00
11:00
12:00
13:00
14:00
15:00
16:00
17:00
18:00
19:00
20:00
21:00
22:00
23:00

EVALUAREA ZILEI (înainte de a merge la culcare)

CE AM ÎNVĂȚAT ASTĂZI ȘI CUM M-AM SIMȚIT?

CE NU AM REUȘIT SĂ FAC DIN CEEA CE MI-AM PROPUS? DE CE? CÂND VOI FACE CEEA CE NU AM REUȘIT?

Ziua 60:
"A fi disciplinat înseamnă să faci ceea ce nu vrei să faci ca să ajungi să faci ceea ce vrei să faci."
Jeff Fisher

LECTURA BIBLICĂ: Proverbe 10:9, 11, 13, 14, 17, 22; CE LECȚIE ÎMI TRANSMITE:

MĂRTURISIRE DE CREDINȚĂ:

MOTIVE DE MULȚUMIRE ȘI RUGĂCIUNE:

EXERCIȚIU DE DEZVOLTARE PERSONALĂ:
Scrie 5 locuri sau țări care ți-ar plăcea ca să vizitezi sau să îți petreci vacanțele pe termen mediu. De cei vrei ca să atingi aceste ținte? Ce schimbări ar produce în viața ta?

OBIECTIVE ZILNICE ȘI PAȘI CONCREȚI PENTRU A LE ATINGE:

AGENDA ZILEI:

06:00	15:00
07:00	16:00
08:00	17:00
09:00	18:00
10:00	19:00
11:00	20:00
12:00	21:00
13:00	22:00
14:00	23:00

EVALUAREA ZILEI (înainte de a merge la culcare)

CE AM ÎNVĂȚAT ASTĂZI ȘI CUM M-AM SIMȚIT?

CE NU AM REUȘIT SĂ FAC DIN CEEA CE MI-AM PROPUS? DE CE? CÂND VOI FACE CEEA CE NU AM REUȘIT?

Ziua 61:
"Orice îți poți imagina este real."
Pablo Picasso

LECTURA BIBLICĂ: Proverbe 11: 23-25; CE LECȚIE ÎMI TRANSMITE:

MĂRTURISIRE DE CREDINȚĂ:

MOTIVE DE MULȚUMIRE ȘI RUGĂCIUNE:

EXERCIȚIU DE DEZVOLTARE PERSONALĂ:
Scrie 1 obiectiv care ți-ar plăcea să îl atingi în acest an, în domeniul CREȘTERII SPIRITUALE. De cei vrei ca să atingi această țintă? Ce schimbări ar produce în viața ta?

OBIECTIVE ZILNICE ȘI PAȘI CONCREȚI PENTRU A LE ATINGE:

AGENDA ZILEI:

06:00	15:00
07:00	16:00
08:00	17:00
09:00	18:00
10:00	19:00
11:00	20:00
12:00	21:00
13:00	22:00
14:00	23:00

EVALUAREA ZILEI (înainte de a merge la culcare)

CE AM ÎNVĂȚAT ASTĂZI ȘI CUM M-AM SIMȚIT?

CE NU AM REUȘIT SĂ FAC DIN CEEA CE MI-AM PROPUS? DE CE? CÂND VOI FACE CEEA CE NU AM REUȘIT?

Ziua 62:
"Dacă îți schimbi felul de a vedea lumea, lumea se va schimba."
Wayne Dyer

LECTURA BIBLICĂ: Proverbe 13: 13-20; CE LECȚIE ÎMI TRANSMITE:

MĂRTURISIRE DE CREDINȚĂ:

MOTIVE DE MULȚUMIRE ȘI RUGĂCIUNE:

EXERCIȚIU DE DEZVOLTARE PERSONALĂ: 1. Ce obstacole și dificultăți trebuie ca să înving pentru a atinge această țintă? 2. Care sunt motivele pentru a atinge ținta? 3. Care sunt etapele și pașii concreți spre împlinirea ei? 4. Cum voi sărbători atingerea acestei ținte?

OBIECTIVE ZILNICE ȘI PAȘI CONCREȚI PENTRU A LE ATINGE:

AGENDA ZILEI:

06:00	15:00
07:00	16:00
08:00	17:00
09:00	18:00
10:00	19:00
11:00	20:00
12:00	21:00
13:00	22:00
14:00	23:00

EVALUAREA ZILEI (înainte de a merge la culcare)

CE AM ÎNVĂȚAT ASTĂZI ȘI CUM M-AM SIMȚIT?

CE NU AM REUȘIT SĂ FAC DIN CEEA CE MI-AM PROPUS? DE CE? CÂND VOI FACE CEEA CE NU AM REUȘIT?

Ziua 63:
"Odată ce ai ales să fii mulțumit ca să fii al doilea, toată viața vei fi pe locul doi."
John F. Kennedy

LECTURA BIBLICĂ: Proverbe 14:14-18; CE LECȚIE ÎMI TRANSMITE:

MĂRTURISIRE DE CREDINȚĂ:

MOTIVE DE MULȚUMIRE ȘI RUGĂCIUNE:

EXERCIȚIU DE DEZVOLTARE PERSONALĂ:
Scrie 1 obiectiv care ți-ar plăcea să îl atingi în acest an, în domeniul RELAȚIEI DE FAMILIE. De cei vrei ca să atingi această țintă? Ce schimbări ar produce în viața ta?

OBIECTIVE ZILNICE ȘI PAȘI CONCREȚI PENTRU A LE ATINGE:

AGENDA ZILEI:

06:00	15:00
07:00	16:00
08:00	17:00
09:00	18:00
10:00	19:00
11:00	20:00
12:00	21:00
13:00	22:00
14:00	23:00

EVALUAREA ZILEI (înainte de a merge la culcare)

CE AM ÎNVĂȚAT ASTĂZI ȘI CUM M-AM SIMȚIT?

CE NU AM REUȘIT SĂ FAC DIN CEEA CE MI-AM PROPUS? DE CE? CÂND VOI FACE CEEA CE NU AM REUȘIT?

Ziua 64:
"Cine vrea ca să aibe cu adevărat succes în viață, trebuie ca să aibe mereu înainte o țintă care să merite efortul."
Ellen G. White

LECTURA BIBLICĂ: Proverbe 15:22-33; CE LECȚIE ÎMI TRANSMITE:

....
....

MĂRTURISIRE DE CREDINȚĂ:

....
....

MOTIVE DE MULȚUMIRE ȘI RUGĂCIUNE:

....
....

OBIECTIVE SĂPTĂMÂNALE ȘI PAȘI CONCREȚI PENTRU A LE ATINGE:

SPIRITUAL: ....
Pași concreți: ....
SĂNĂTATE și STIL DE VIAȚĂ: ....
Pași concreți: ....
INTELECTUAL: ....
Pași concreți: ....
RELAȚIONAL: ....
Pași concreți: ....
MUNCĂ/STUDII: ....
Pași concreți: ....

AGENDA ZILEI:

06:00	15:00 ....
07:00	16:00 ....
08:00	17:00 ....
09:00	18:00 ....
10:00	19:00 ....
11:00	20:00 ....
12:00	21:00 ....
13:00	22:00 ....
14:00	23:00 ....

EVALUARE SĂPTĂMÂNALĂ:

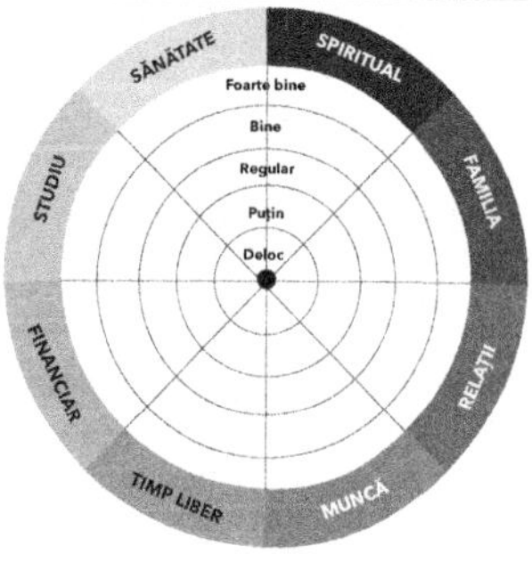

Indicații:

←
Această figură reprezintă viața ta. Cum apreciezi creșterea ta săptămânală în fiecare domeniu menționat?

→
O folosire bună a timpului este importantă pentru creșterea ta personală
Evaluează folosind următorii indicatori:
Z - zilnic
AZ - aproape zilnic
P - puțin
D - deloc

Timp dedicat:	
Lectura Bibliei	
Lectura de cărți spirituale	
Lectura de cărți inspiratoare	
Meditație și rugăciune	
Misiune	
Timp cu prietenii	
Noi obiceiuri	
Noi abilități	
Exercițiu fizic	
Internet și rețele sociale	

Ziua 65:
"O minte simetrică și bine disciplinată, îmbunătățește chiar și capacitatea digestivă."
Ellen G. White

LECTURA BIBLICĂ: Proverbe 16:1-3; CE LECȚIE ÎMI TRANSMITE:

MĂRTURISIRE DE CREDINȚĂ:

MOTIVE DE MULȚUMIRE ȘI RUGĂCIUNE:

EXERCIȚIU DE DEZVOLTARE PERSONALĂ: 1. Ce obstacole și dificultăți trebuie ca să înving pentru a atinge această țintă? 2. Care sunt motivele pentru a atinge ținta? 3. Care sunt etapele și pașii concreți spre împlinirea ei? 4. Cum voi sărbători atingerea acestei ținte?

OBIECTIVE ZILNICE ȘI PAȘI CONCREȚI PENTRU A LE ATINGE:

AGENDA ZILEI:

06:00	15:00
07:00	16:00
08:00	17:00
09:00	18:00
10:00	19:00
11:00	20:00
12:00	21:00
13:00	22:00
14:00	23:00

EVALUAREA ZILEI (înainte de a merge la culcare)

CE AM ÎNVĂȚAT ASTĂZI ȘI CUM M-AM SIMȚIT?

CE NU AM REUȘIT SĂ FAC DIN CEEA CE MI-AM PROPUS? DE CE? CÂND VOI FACE CEEA CE NU AM REUȘIT?

Ziua 66:
"Ușile se vor deschide tuturor celor ce îndrăznesc să bată."
Anónimo

LECTURA BIBLICĂ: Proverbe 16: 17-25; CE LECȚIE ÎMI TRANSMITE:

....

....

MĂRTURISIRE DE CREDINȚĂ:

....

....

MOTIVE DE MULȚUMIRE ȘI RUGĂCIUNE:

....

....

EXERCIȚIU DE DEZVOLTARE PERSONALĂ:
Scrie 1 obiectiv care ți-ar plăcea să îl atingi în acest an, în domeniul RELAȚIILOR DE PRIETENIE. De cei vrei ca să atingi această țintă? Ce schimbări ar produce în viața ta?

....

....

....

....

....

....

....

....

OBIECTIVE ZILNICE ȘI PAȘI CONCREȚI PENTRU A LE ATINGE:

....

....

....

AGENDA ZILEI:

06:00	15:00 ....
07:00	16:00 ....
08:00	17:00 ....
09:00	18:00 ....
10:00	19:00 ....
11:00	20:00 ....
12:00	21:00 ....
13:00	22:00 ....
14:00	23:00 ....

EVALUAREA ZILEI (înainte de a merge la culcare)

CE AM ÎNVĂȚAT ASTĂZI ȘI CUM M-AM SIMȚIT?

....

....

CE NU AM REUȘIT SĂ FAC DIN CEEA CE MI-AM PROPUS? DE CE? CÂND VOI FACE CEEA CE NU AM REUȘIT?

....

....

Ziua 67:
"Două lucruri ne împiedică să fim fericiți: să trăim în trecut și să ne comparăm cu ceilalți."
Anónimo

LECTURA BIBLICĂ: Proverbe 17:27-28; CE LECȚIE ÎMI TRANSMITE:

MĂRTURISIRE DE CREDINȚĂ:

MOTIVE DE MULȚUMIRE ȘI RUGĂCIUNE:

EXERCIȚIU DE DEZVOLTARE PERSONALĂ: 1. Ce obstacole și dificultăți trebuie ca să înving pentru a atinge această țintă? 2. Care sunt motivele pentru a atinge ținta? 3. Care sunt etapele și pașii concreți spre împlinirea ei? 4. Cum voi sărbători atingerea acestei ținte?

OBIECTIVE ZILNICE ȘI PAȘI CONCREȚI PENTRU A LE ATINGE:

AGENDA ZILEI:

06:00	15:00
07:00	16:00
08:00	17:00
09:00	18:00
10:00	19:00
11:00	20:00
12:00	21:00
13:00	22:00
14:00	23:00

EVALUAREA ZILEI (înainte de a merge la culcare)

CE AM ÎNVĂȚAT ASTĂZI ȘI CUM M-AM SIMȚIT?

CE NU AM REUȘIT SĂ FAC DIN CEEA CE MI-AM PROPUS? DE CE? CÂND VOI FACE CEEA CE NU AM REUȘIT?

Ziua 68:

"Atunci când plouă, caută curcubeul. Atunci cân e noapte, caută stelele."

Anónimo

LECTURA BIBLICĂ: Proverbe 18: 20-21; CE LECȚIE ÎMI TRANSMITE:

....

....

MĂRTURISIRE DE CREDINȚĂ:

....

....

MOTIVE DE MULȚUMIRE ȘI RUGĂCIUNE:

....

....

EXERCIȚIU DE DEZVOLTARE PERSONALĂ:

Scrie 1 obiectiv care ți-ar plăcea să îl atingi în acest an, în domeniul STUDIILOR și/sau PROFESIONAL. De cei vrei ca să atingi această țintă? Ce schimbări ar produce în viața ta?

....

....

....

....

....

....

....

....

OBIECTIVE ZILNICE ȘI PAȘI CONCREȚI PENTRU A LE ATINGE:

....

....

....

AGENDA ZILEI:

06:00	15:00 ....
07:00	16:00 ....
08:00	17:00 ....
09:00	18:00 ....
10:00	19:00 ....
11:00	20:00 ....
12:00	21:00 ....
13:00	22:00 ....
14:00	23:00 ....

EVALUAREA ZILEI (înainte de a merge la culcare)

CE AM ÎNVĂȚAT ASTĂZI ȘI CUM M-AM SIMȚIT?

....

....

CE NU AM REUȘIT SĂ FAC DIN CEEA CE MI-AM PROPUS? DE CE? CÂND VOI FACE CEEA CE NU AM REUȘIT?

....

....

Ziua 69:
"Viața e ca și mersul pe bicicletă: pentru a menține echilibrul, e nevoie ca să pedalezi și să avansezi."
Anónimo

LECTURA BIBLICĂ: Proverbe 19:1-3; CE LECȚIE ÎMI TRANSMITE:

MĂRTURISIRE DE CREDINȚĂ:

MOTIVE DE MULȚUMIRE ȘI RUGĂCIUNE:

EXERCIȚIU DE DEZVOLTARE PERSONALĂ: 1. Ce obstacole și dificultăți trebuie ca să înving pentru a atinge această țintă? 2. Care sunt motivele pentru a atinge ținta? 3. Care sunt etapele și pașii concreți spre împlinirea ei? 4. Cum voi sărbători atingerea acestei ținte?

OBIECTIVE ZILNICE ȘI PAȘI CONCREȚI PENTRU A LE ATINGE:

AGENDA ZILEI:

06:00	15:00
07:00	16:00
08:00	17:00
09:00	18:00
10:00	19:00
11:00	20:00
12:00	21:00
13:00	22:00
14:00	23:00

EVALUAREA ZILEI (înainte de a merge la culcare)

CE AM ÎNVĂȚAT ASTĂZI ȘI CUM M-AM SIMȚIT?

CE NU AM REUȘIT SĂ FAC DIN CEEA CE MI-AM PROPUS? DE CE? CÂND VOI FACE CEEA CE NU AM REUȘIT?

Ziua 70:

"Nu-ți umple mintea cu preocupări, pentru că atunci nu va rămâne loc pentru lucruri minunate."
Anónimo

LECTURA BIBLICĂ: Proverbe 19:8, 11, 16; CE LECȚIE ÎMI TRANSMITE:

MĂRTURISIRE DE CREDINȚĂ:

MOTIVE DE MULȚUMIRE ȘI RUGĂCIUNE:

EXERCIȚIU DE DEZVOLTARE PERSONALĂ:
Scrie 1 obiectiv care ți-ar plăcea să îl atingi în acest an, în domeniul FINANCIAR. De cei vrei ca să atingi această țintă? Ce schimbări ar produce în viața ta?

OBIECTIVE ZILNICE ȘI PAȘI CONCREȚI PENTRU A LE ATINGE:

AGENDA ZILEI:

06:00
07:00
08:00
09:00
10:00
11:00
12:00
13:00
14:00
15:00
16:00
17:00
18:00
19:00
20:00
21:00
22:00
23:00

EVALUAREA ZILEI (înainte de a merge la culcare)

CE AM ÎNVĂȚAT ASTĂZI ȘI CUM M-AM SIMȚIT?

CE NU AM REUȘIT SĂ FAC DIN CEEA CE MI-AM PROPUS? DE CE? CÂND VOI FACE CEEA CE NU AM REUȘIT?

Ziua 71:
"Obiceiurile rele afectează creierul și îl împiedică ca să obțină ceea ce se dorește."
Ellen G. White

LECTURA BIBLICĂ: Proverbe19: 20-23; CE LECȚIE ÎMI TRANSMITE:

....

....

MĂRTURISIRE DE CREDINȚĂ:

....

....

MOTIVE DE MULȚUMIRE ȘI RUGĂCIUNE:

....

....

OBIECTIVE SĂPTĂMÂNALE ȘI PAȘI CONCREȚI PENTRU A LE ATINGE:

SPIRITUAL: ....
Pași concreți: ....
SĂNĂTATE și STIL DE VIAȚĂ: ....
Pași concreți: ....
INTELECTUAL: ....
Pași concreți: ....
RELAȚIONAL: ....
Pași concreți: ....
MUNCĂ/STUDII: ....
Pași concreți: ....

AGENDA ZILEI:

06:00 .... 15:00 ....
07:00 .... 16:00 ....
08:00 .... 17:00 ....
09:00 .... 18:00 ....
10:00 .... 19:00 ....
11:00 .... 20:00 ....
12:00 .... 21:00 ....
13:00 .... 22:00 ....
14:00 .... 23:00 ....

EVALUARE SĂPTĂMÂNALĂ:

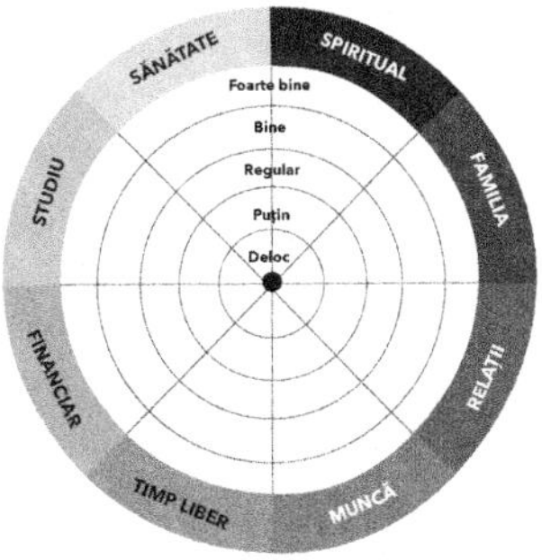

Indicații:

←

Această figură reprezintă viața ta. Cum apreciezi creșterea ta săptămânală în fiecare domeniu menționat?

→

O folosire bună a timpului este importantă pentru creșterea ta personală
Evaluează folosind următorii indicatori:
Z - zilnic
AZ - aproape zilnic
P - puțin
D - deloc

Timp dedicat:	
Lectura Bibliei	
Lectura de cărți spirituale	
Lectura de cărți inspiratoare	
Meditație și rugăciune	
Misiune	
Timp cu prietenii	
Noi obiceiuri	
Noi abilități	
Exercițiu fizic	
Internet și rețele sociale	

Ziua 72:
"Toate visele tale se pot îndeplini daca ai curajul să le urmezi."
Walt Disney

LECTURA BIBLICĂ: Proverbe 20: 18, 24; CE LECȚIE ÎMI TRANSMITE:

MĂRTURISIRE DE CREDINȚĂ:

MOTIVE DE MULȚUMIRE ȘI RUGĂCIUNE:

EXERCIȚIU DE DEZVOLTARE PERSONALĂ: 1. Ce obstacole și dificultăți trebuie ca să înving pentru a atinge această țintă? 2. Care sunt motivele pentru a atinge ținta? 3. Care sunt etapele și pașii concreți spre împlinirea ei? 4. Cum voi sărbători atingerea acestei ținte?

OBIECTIVE ZILNICE ȘI PAȘI CONCREȚI PENTRU A LE ATINGE:

AGENDA ZILEI:

06:00	15:00
07:00	16:00
08:00	17:00
09:00	18:00
10:00	19:00
11:00	20:00
12:00	21:00
13:00	22:00
14:00	23:00

EVALUAREA ZILEI (înainte de a merge la culcare)

CE AM ÎNVĂȚAT ASTĂZI ȘI CUM M-AM SIMȚIT?

CE NU AM REUȘIT SĂ FAC DIN CEEA CE MI-AM PROPUS? DE CE? CÂND VOI FACE CEEA CE NU AM REUȘIT?

Ziua 73:
"Să nu uităm: o carte, un creion, un copil și un învățător pot schimba lumea."
Malala Yousafzai

LECTURA BIBLICĂ: Proverbe 21:2-5; CE LECȚIE ÎMI TRANSMITE:

MĂRTURISIRE DE CREDINȚĂ:

MOTIVE DE MULȚUMIRE ȘI RUGĂCIUNE:

EXERCIȚIU DE DEZVOLTARE PERSONALĂ:
Scrie 1 obiectiv care ți-ar plăcea să îl atingi în acest an, în domeniul DEZVOLTĂRII INTELECTUALE. De cei vrei ca să atingi această țintă? Ce schimbări ar produce în viața ta?

OBIECTIVE ZILNICE ȘI PAȘI CONCREȚI PENTRU A LE ATINGE:

AGENDA ZILEI:

06:00
07:00
08:00
09:00
10:00
11:00
12:00
13:00
14:00
15:00
16:00
17:00
18:00
19:00
20:00
21:00
22:00
23:00

EVALUAREA ZILEI (înainte de a merge la culcare)

CE AM ÎNVĂȚAT ASTĂZI ȘI CUM M-AM SIMȚIT?

CE NU AM REUȘIT SĂ FAC DIN CEEA CE MI-AM PROPUS? DE CE? CÂND VOI FACE CEEA CE NU AM REUȘIT?

Ziua 74:
"Progresul nu e posibil fără schimbare, iar cei care nu-și schimbă felul de a gândi, nu vor ajunge să schimbe nimic."
George Bernard Shaw

LECTURA BIBLICĂ: Proverbe 21: 21-26; CE LECȚIE ÎMI TRANSMITE:

MĂRTURISIRE DE CREDINȚĂ:

MOTIVE DE MULȚUMIRE ȘI RUGĂCIUNE:

EXERCIȚIU DE DEZVOLTARE PERSONALĂ: 1. Ce obstacole și dificultăți trebuie ca să înving pentru a atinge această țintă? 2. Care sunt motivele pentru a atinge ținta? 3. Care sunt etapele și pașii concreți spre împlinirea ei? 4. Cum voi sărbători atingerea acestei ținte?

OBIECTIVE ZILNICE ȘI PAȘI CONCREȚI PENTRU A LE ATINGE:

AGENDA ZILEI:

06:00	15:00
07:00	16:00
08:00	17:00
09:00	18:00
10:00	19:00
11:00	20:00
12:00	21:00
13:00	22:00
14:00	23:00

EVALUAREA ZILEI (înainte de a merge la culcare)

CE AM ÎNVĂȚAT ASTĂZI ȘI CUM M-AM SIMȚIT?

CE NU AM REUȘIT SĂ FAC DIN CEEA CE MI-AM PROPUS? DE CE? CÂND VOI FACE CEEA CE NU AM REUȘIT?

Ziua 75:

"Să faci mereu același lucru și să aștepți rezultate diferite, se numește nebunie."
Albert Einstein

LECTURA BIBLICĂ: Proverbe 22:1-5; CE LECȚIE ÎMI TRANSMITE:

MĂRTURISIRE DE CREDINȚĂ:

MOTIVE DE MULȚUMIRE ȘI RUGĂCIUNE:

EXERCIȚIU DE DEZVOLTARE PERSONALĂ:
Scrie 1 obiectiv care ți-ar plăcea să îl atingi în acest an, în domeniul SĂNĂTĂȚII sau al STILULUI DE VIAȚĂ. De cei vrei ca să atingi această țintă? Ce schimbări ar produce în viața ta?

OBIECTIVE ZILNICE ȘI PAȘI CONCREȚI PENTRU A LE ATINGE:

AGENDA ZILEI:

06:00	15:00
07:00	16:00
08:00	17:00
09:00	18:00
10:00	19:00
11:00	20:00
12:00	21:00
13:00	22:00
14:00	23:00

EVALUAREA ZILEI (înainte de a merge la culcare)

CE AM ÎNVĂȚAT ASTĂZI ȘI CUM M-AM SIMȚIT?

CE NU AM REUȘIT SĂ FAC DIN CEEA CE MI-AM PROPUS? DE CE? CÂND VOI FACE CEEA CE NU AM REUȘIT?

Ziua 76:
"Succesul inseamnă să treci de la un eșec la altul fărață să pierzi din entuziasm."
Winston Churchill

LECTURA BIBLICĂ: Proverbe 23:17-18; CE LECȚIE ÎMI TRANSMITE:

MĂRTURISIRE DE CREDINȚĂ:

MOTIVE DE MULȚUMIRE ȘI RUGĂCIUNE:

EXERCIȚIU DE DEZVOLTARE PERSONALĂ: 1. Ce obstacole și dificultăți trebuie ca să înving pentru a atinge această țintă? 2. Care sunt motivele pentru a atinge ținta? 3. Care sunt etapele și pașii concreți spre împlinirea ei? 4. Cum voi sărbători atingerea acestei ținte?

OBIECTIVE ZILNICE ȘI PAȘI CONCREȚI PENTRU A LE ATINGE:

AGENDA ZILEI:

06:00	15:00
07:00	16:00
08:00	17:00
09:00	18:00
10:00	19:00
11:00	20:00
12:00	21:00
13:00	22:00
14:00	23:00

EVALUAREA ZILEI (înainte de a merge la culcare)

CE AM ÎNVĂȚAT ASTĂZI ȘI CUM M-AM SIMȚIT?

CE NU AM REUȘIT SĂ FAC DIN CEEA CE MI-AM PROPUS? DE CE? CÂND VOI FACE CEEA CE NU AM REUȘIT?

Ziua 77:
"Nu încerca să devi o persoană de succes, ci una de valoare."
Albert Einstein

LECTURA BIBLICĂ: Proverbe 24:3-6; CE LECȚIE ÎMI TRANSMITE:

MĂRTURISIRE DE CREDINȚĂ:

MOTIVE DE MULȚUMIRE ȘI RUGĂCIUNE:

EXERCIȚIU DE DEZVOLTARE PERSONALĂ:
Scrie 1 obiectiv care ți-ar plăcea să îl atingi în acest an, în domeniul DIVERTISMENTULUI. De cei vrei ca să atingi această țintă? Ce schimbări ar produce în viața ta?

OBIECTIVE ZILNICE ȘI PAȘI CONCREȚI PENTRU A LE ATINGE:

AGENDA ZILEI:

06:00	15:00
07:00	16:00
08:00	17:00
09:00	18:00
10:00	19:00
11:00	20:00
12:00	21:00
13:00	22:00
14:00	23:00

EVALUAREA ZILEI (înainte de a merge la culcare)

CE AM ÎNVĂȚAT ASTĂZI ȘI CUM M-AM SIMȚIT?

CE NU AM REUȘIT SĂ FAC DIN CEEA CE MI-AM PROPUS? DE CE? CÂND VOI FACE CEEA CE NU AM REUȘIT?

Ziua 78:
"Amintește-ți că pentru a trăi adevărul așa cum este el în Isus, se necesită multă disciplină personală."
Ellen G. White

LECTURA BIBLICĂ: Proverbe 24: 30-34; CE LECȚIE ÎMI TRANSMITE:

....

....

MĂRTURISIRE DE CREDINȚĂ:

....

....

MOTIVE DE MULȚUMIRE ȘI RUGĂCIUNE:

....

....

OBIECTIVE SĂPTĂMÂNALE ȘI PAȘI CONCREȚI PENTRU A LE ATINGE:

SPIRITUAL: ....

Pași concreți: ....

SĂNĂTATE și STIL DE VIAȚĂ: ....

Pași concreți: ....

INTELECTUAL: ....

Pași concreți: ....

RELAȚIONAL: ....

Pași concreți: ....

MUNCĂ/STUDII: ....

Pași concreți: ....

AGENDA ZILEI:

06:00	15:00 ....
07:00	16:00 ....
08:00	17:00 ....
09:00	18:00 ....
10:00	19:00 ....
11:00	20:00 ....
12:00	21:00 ....
13:00	22:00 ....
14:00	23:00 ....

EVALUARE SĂPTĂMÂNALĂ:

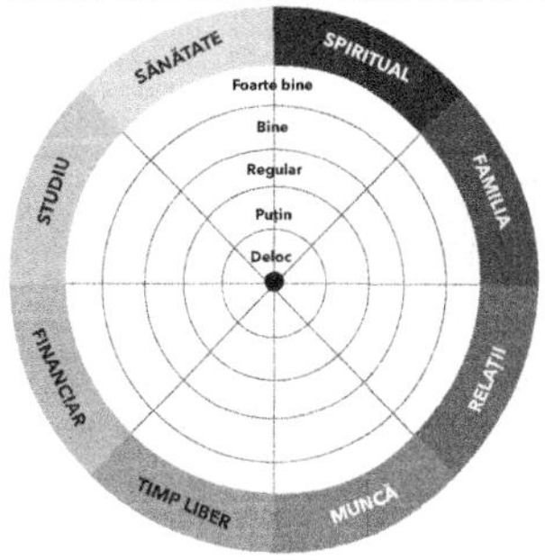

Indicații:

←
Această figură reprezintă viața ta. Cum apreciezi creșterea ta săptămânală în fiecare domeniu menționat?

→
O folosire bună a timpului este importantă pentru creșterea ta personală
Evaluează folosind următorii indicatori:
Z - zilnic
AZ - aproape zilnic
P - puțin
D - deloc

Timp dedicat:	
Lectura Bibliei	
Lectura de cărți spirituale	
Lectura de cărți inspiratoare	
Meditație și rugăciune	
Misiune	
Timp cu prietenii	
Noi obiceiuri	
Noi abilități	
Exercițiu fizic	
Internet și rețele sociale	

Ziua 79:
"În viață nu există limite... Cu excepția celor autoimpuse."
Les Brown

LECTURA BIBLICĂ: Proverbe28:5-7; CE LECȚIE ÎMI TRANSMITE:

MĂRTURISIRE DE CREDINȚĂ:

MOTIVE DE MULȚUMIRE ȘI RUGĂCIUNE:

EXERCIȚIU DE DEZVOLTARE PERSONALĂ:
Scrie 1 loc sau țară pe care ți-ar plăcea să o vizitezi acest an sau să mergi în comncediu sau vacanță. De cei vrei ca să atingi această țintă? Ce schimbări ar produce în viața ta?

OBIECTIVE ZILNICE ȘI PAȘI CONCREȚI PENTRU A LE ATINGE:

AGENDA ZILEI:

06:00	15:00
07:00	16:00
08:00	17:00
09:00	18:00
10:00	19:00
11:00	20:00
12:00	21:00
13:00	22:00
14:00	23:00

EVALUAREA ZILEI (înainte de a merge la culcare)

CE AM ÎNVĂȚAT ASTĂZI ȘI CUM M-AM SIMȚIT?

CE NU AM REUȘIT SĂ FAC DIN CEEA CE MI-AM PROPUS? DE CE? CÂND VOI FACE CEEA CE NU AM REUȘIT?

Ziua 80:
"Si quieres alcanzar una meta, debes ver el final antes de alcanzarlo."
Zig Ziglar

LECTURA BIBLICĂ: Proverbe 28: 13, 18, 20, 25-26; CE LECȚIE ÎMI TRANSMITE:

MĂRTURISIRE DE CREDINȚĂ:

MOTIVE DE MULȚUMIRE ȘI RUGĂCIUNE:

EXERCIȚIU DE DEZVOLTARE PERSONALĂ: 1. Ce obstacole și dificultăți trebuie ca să înving pentru a atinge această țintă? 2. Care sunt motivele pentru a atinge ținta? 3. Care sunt etapele și pașii concreți spre împlinirea ei? 4. Cum voi sărbători atingerea acestei ținte?

OBIECTIVE ZILNICE ȘI PAȘI CONCREȚI PENTRU A LE ATINGE:

AGENDA ZILEI:

06:00
07:00
08:00
09:00
10:00
11:00
12:00
13:00
14:00
15:00
16:00
17:00
18:00
19:00
20:00
21:00
22:00
23:00

EVALUAREA ZILEI (înainte de a merge la culcare)

CE AM ÎNVĂȚAT ASTĂZI ȘI CUM M-AM SIMȚIT?

CE NU AM REUȘIT SĂ FAC DIN CEEA CE MI-AM PROPUS? DE CE? CÂND VOI FACE CEEA CE NU AM REUȘIT?

Ziua 81:
"Si quieres alcanzar una meta, debes ver el final antes de alcanzarlo."
Zig Ziglar

LECTURA BIBLICĂ: Proverbe 29: 1, 6, 18, 23, 25; CE LECȚIE ÎMI TRANSMITE:

MĂRTURISIRE DE CREDINȚĂ:

MOTIVE DE MULȚUMIRE ȘI RUGĂCIUNE:

EXERCIȚIU DE DEZVOLTARE PERSONALĂ:
Descrie impresiile senzoriale (emoții, sunete, tact, gust, miros, văz) pe care le vei avea atunci când țintele pe care ți le-ai propus se vor împlini?

OBIECTIVE ZILNICE ȘI PAȘI CONCREȚI PENTRU A LE ATINGE:

AGENDA ZILEI:

06:00	15:00
07:00	16:00
08:00	17:00
09:00	18:00
10:00	19:00
11:00	20:00
12:00	21:00
13:00	22:00
14:00	23:00

EVALUAREA ZILEI (înainte de a merge la culcare)

CE AM ÎNVĂȚAT ASTĂZI ȘI CUM M-AM SIMȚIT?

CE NU AM REUȘIT SĂ FAC DIN CEEA CE MI-AM PROPUS? DE CE? CÂND VOI FACE CEEA CE NU AM REUȘIT?

Ziua 82:
"Răbdarea și perseverența au un efect magic în fața cărora dificultățile și obstacolele dispar."
John Quincy Adams

LECTURA BIBLICĂ: Proverbe 30: 5-9; CE LECȚIE ÎMI TRANSMITE:

MĂRTURISIRE DE CREDINȚĂ:

MOTIVE DE MULȚUMIRE ȘI RUGĂCIUNE:

EXERCIȚIU DE DEZVOLTARE PERSONALĂ:
Ce schimbări am observat în viața mea în timpul acestui proiect de dezvoltare personală?
Ce mi-ar plăcea ca să schimb la mine pentru a fi multumit?

OBIECTIVE ZILNICE ȘI PAȘI CONCREȚI PENTRU A LE ATINGE:

AGENDA ZILEI:

06:00	15:00
07:00	16:00
08:00	17:00
09:00	18:00
10:00	19:00
11:00	20:00
12:00	21:00
13:00	22:00
14:00	23:00

EVALUAREA ZILEI (înainte de a merge la culcare)

CE AM ÎNVĂȚAT ASTĂZI ȘI CUM M-AM SIMȚIT?

CE NU AM REUȘIT SĂ FAC DIN CEEA CE MI-AM PROPUS? DE CE? CÂND VOI FACE CEEA CE NU AM REUȘIT?

Ziua 83:
"Dacă ființa umană ar fi constantă în ceea ce face, atunci ar fi perfectă".
Willian Shakespeare

LECTURA BIBLICĂ: Eclesiastul 3:10-14; CE LECȚIE ÎMI TRANSMITE:

MĂRTURISIRE DE CREDINȚĂ:

MOTIVE DE MULȚUMIRE ȘI RUGĂCIUNE:

EXERCIȚIU DE DEZVOLTARE PERSONALĂ:
Sunt o persoană responsabilă?
Termin toate proiectele care le încep?

OBIECTIVE ZILNICE ȘI PAȘI CONCREȚI PENTRU A LE ATINGE:

AGENDA ZILEI:

06:00	15:00
07:00	16:00
08:00	17:00
09:00	18:00
10:00	19:00
11:00	20:00
12:00	21:00
13:00	22:00
14:00	23:00

EVALUAREA ZILEI (înainte de a merge la culcare)

CE AM ÎNVĂȚAT ASTĂZI ȘI CUM M-AM SIMȚIT?

CE NU AM REUȘIT SĂ FAC DIN CEEA CE MI-AM PROPUS? DE CE? CÂND VOI FACE CEEA CE NU AM REUȘIT?

Ziua 84:
"Dintre toate drumurile care duc către bogăție, cel mai sigur este perseverența și munca."
Marie Roch Louis Reybaud

LECTURA BIBLICĂ: Eclesiastul 5:18-20; CE LECȚIE ÎMI TRANSMITE:

MĂRTURISIRE DE CREDINȚĂ:

MOTIVE DE MULȚUMIRE ȘI RUGĂCIUNE:

EXERCIȚIU DE DEZVOLTARE PERSONALĂ:
Care sunt carențele personale care mă mențin la un nivel mediocru?
Ce decizii trebuie să iau ca să fiu mai responsabil?

OBIECTIVE ZILNICE ȘI PAȘI CONCREȚI PENTRU A LE ATINGE:

AGENDA ZILEI:

06:00 .... 15:00 ....
07:00 .... 16:00 ....
08:00 .... 17:00 ....
09:00 .... 18:00 ....
10:00 .... 19:00 ....
11:00 .... 20:00 ....
12:00 .... 21:00 ....
13:00 .... 22:00 ....
14:00 .... 23:00 ....

EVALUAREA ZILEI (înainte de a merge la culcare)

CE AM ÎNVĂȚAT ASTĂZI ȘI CUM M-AM SIMȚIT?

CE NU AM REUȘIT SĂ FAC DIN CEEA CE MI-AM PROPUS? DE CE? CÂND VOI FACE CEEA CE NU AM REUȘIT?

Ziua 89:
"Adevărata libertate se obține printr-o minte liberată prin disciplină."
Mortimer J. Adler

LECTURA BIBLICĂ: Ieremia 29: 11-13; CE LECȚIE ÎMI TRANSMITE:

MĂRTURISIRE DE CREDINȚĂ:

MOTIVE DE MULȚUMIRE ȘI RUGĂCIUNE:

EXERCIȚIU DE DEZVOLTARE PERSONALĂ:
Care este cea mai mare teamă a mea cu privire la viitor?
Care sunt cele mai importante trei lucruri/persoane/caracteristici pe care nu aș vrea ca să le pierd?

OBIECTIVE ZILNICE ȘI PAȘI CONCREȚI PENTRU A LE ATINGE:

AGENDA ZILEI:

06:00	15:00
07:00	16:00
08:00	17:00
09:00	18:00
10:00	19:00
11:00	20:00
12:00	21:00
13:00	22:00
14:00	23:00

EVALUAREA ZILEI (înainte de a merge la culcare)

CE AM ÎNVĂȚAT ASTĂZI ȘI CUM M-AM SIMȚIT?

CE NU AM REUȘIT SĂ FAC DIN CEEA CE MI-AM PROPUS? DE CE? CÂND VOI FACE CEEA CE NU AM REUȘIT?

Ziua 90:
"Un drum de o mie de mile începe cu primul pas."
Benjamin Franklin

LECTURA BIBLICĂ: Plângerile lui Ieremia 3: 21-26; CE LECȚIE ÎMI TRANSMITE:

MĂRTURISIRE DE CREDINȚĂ:

MOTIVE DE MULȚUMIRE ȘI RUGĂCIUNE:

EXERCIȚIU DE DEZVOLTARE PERSONALĂ:
Care este persoana care te-a impactat în mod pozitiv cel mai mult?
Astăzi, înainte de a merge la culcare, trimite-i un mesaj de mulțumire.

OBIECTIVE ZILNICE ȘI PAȘI CONCREȚI PENTRU A LE ATINGE:

AGENDA ZILEI:

06:00	15:00
07:00	16:00
08:00	17:00
09:00	18:00
10:00	19:00
11:00	20:00
12:00	21:00
13:00	22:00
14:00	23:00

EVALUAREA ZILEI (înainte de a merge la culcare)

CE AM ÎNVĂȚAT ASTĂZI ȘI CUM M-AM SIMȚIT?

CE NU AM REUȘIT SĂ FAC DIN CEEA CE MI-AM PROPUS? DE CE? CÂND VOI FACE CEEA CE NU AM REUȘIT?

Ziua 91:
"Nu ai cum să ajungi profesional fără muncă asiduă și fără disciplină."
Jahangir Khan

LECTURA BIBLICĂ: Luca 6: 46-49; CE LECȚIE ÎMI TRANSMITE:

MĂRTURISIRE DE CREDINȚĂ:

MOTIVE DE MULȚUMIRE ȘI RUGĂCIUNE:

EXERCIȚIU DE DEZVOLTARE PERSONALĂ:
Care sunt cei mai buni prieteni/e ai/ale tăi/tale? De ce? Ce impact au produs în viața ta? În timpul acestei săptămâni, scrie-i fiecăruia dintre ei/ele un mesaj de mulúmire.

OBIECTIVE ZILNICE ȘI PAȘI CONCREȚI PENTRU A LE ATINGE:

AGENDA ZILEI:

06:00	15:00
07:00	16:00
08:00	17:00
09:00	18:00
10:00	19:00
11:00	20:00
12:00	21:00
13:00	22:00
14:00	23:00

EVALUAREA ZILEI (înainte de a merge la culcare)

CE AM ÎNVĂȚAT ASTĂZI ȘI CUM M-AM SIMȚIT?

CE NU AM REUȘIT SĂ FAC DIN CEEA CE MI-AM PROPUS? DE CE? CÂND VOI FACE CEEA CE NU AM REUȘIT?

Ziua 92:

"Scopul disciplinei este acela de a educa ființa umană ca să se autoguverneze."
Ellen G. White

LECTURA BIBLICĂ: Filipeni 3:12-14; CE LECȚIE ÎMI TRANSMITE:

....

....

MĂRTURISIRE DE CREDINȚĂ:

....

....

MOTIVE DE MULȚUMIRE ȘI RUGĂCIUNE:

....

....

OBIECTIVE SĂPTĂMÂNALE ȘI PAȘI CONCREȚI PENTRU A LE ATINGE:

SPIRITUAL: ....

Pași concreți: ....

SĂNĂTATE și STIL DE VIAȚĂ: ....

Pași concreți: ....

INTELECTUAL: ....

Pași concreți: ....

RELAȚIONAL: ....

Pași concreți: ....

MUNCĂ/STUDII: ....

Pași concreți: ....

AGENDA ZILEI:

06:00	15:00 ....
07:00	16:00 ....
08:00	17:00 ....
09:00	18:00 ....
10:00	19:00 ....
11:00	20:00 ....
12:00	21:00 ....
13:00	22:00 ....
14:00	23:00 ....

EVALUARE SĂPTĂMÂNALĂ:

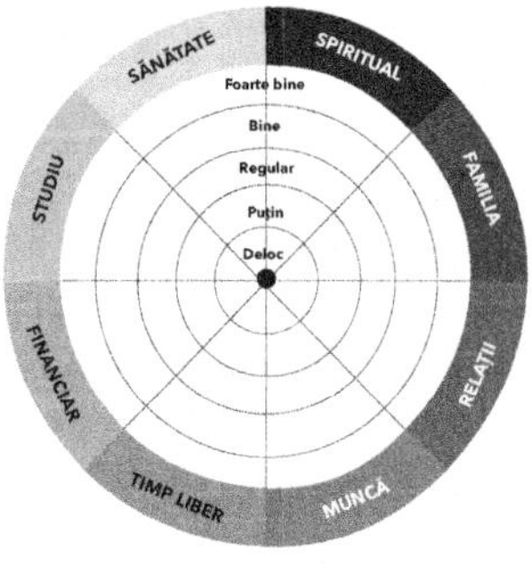

Indicații:

←

Această figură reprezintă viața ta. Cum apreciezi creșterea ta săptămânală în fiecare domeniu menționat?

→

O folosire bună a timpului este importantă pentru creșterea ta personală
Evaluează folosind următorii indicatori:
Z - zilnic
AZ - aproape zilnic
P - puțin
D - deloc

Timp dedicat:	
Lectura Bibliei	
Lectura de cărți spirituale	
Lectura de cărți inspiratoare	
Meditație și rugăciune	
Misiune	
Timp cu prietenii	
Noi obiceiuri	
Noi abilități	
Exercițiu fizic	
Internet și rețele sociale	

Ziua 93:
"Secretul disciplinei este motivația. Atunci când o persoană este suficient de motivată, disciplina va veni de la sine."
Alexander Paterson

EVALUARE FINALĂ

CARE SUNT OBIECTIVELE DE DEZVOLTARE PERSONALĂ PE CARE LE-AM ATINS ACEST TRIMESTRU?

CARE DIN CELE OPT ASPECTE ALE VIEȚII ÎMI MERG BINE ȘI CARE NECESITĂ ÎMBUNĂTĂȚIRI?

CE AR TREBUI CA SĂ ÎMBUNĂTĂȚESC LA MINE PENTRU A FI O PERSOANĂ MAI:

LIBERĂ:
Pași concreți:
CREATIVĂ:
Pași concreți:
RESPONSABILĂ:
Pași concreți:
PERSEVERANTĂ:
Pași concreți:
DE SUCCES:
Pași concreți:

CE DECIZII AM AMÂNAT ȘI TREBUIE CA SĂ LE IAU CÂT MAI REPEDE?

CE ÎMI DISTRAGE ATENȚIA ȘI ÎMI IROSEȘTE CAPACITĂȚILE, ÎMPIEDICÂNDU-MĂ SĂ ATING ȚINTELE PROPUSE?

CE LECȚII IMPORTANTE AM ÎNVĂȚAT ÎN TIMP CE AM URMAT ACEST JURNAL?

Note personale:

Note personale:

Note personale:

Note personale:

Printed in Great Britain
by Amazon

37743968R10066